Über das Buch

Die Bundesliga boomt wie noch nie in ihrer Geschichte. Zehntausende nicht nur jugendliche Fans hängen mit Leidenschaft und Hingabe an ihren Mannschaften und folgen ihnen Woche für Woche in die Stadien. Zugleich ist der Profifußball zu einem festen Bestandteil des Showgeschäfts geworden.

Christoph Biermann ist der geheimnisvollen Faszination nachgegangen, die der Fußball für ihn selbst und den harten Kern der Fußballfans besitzt. Wie schleicht sich die irrationale Begeisterung zur Identifikation, zum Mitfeiern und Mitleiden ins Leben der Fans? Was findet man im Stadion, was das Leben draußen nicht bietet?

Ein Buch um die Fußballbegeisterung, das längst zu einem Klassiker geworden ist. Aus ihrem Leben als Fans erzählen u. a. der Schauspieler Joachim Król, der Fußballreporter Marcel Reif, der Philosoph Norbert Bolz, der Ex-Profi Frank Benatelli, Kuttenträger, Hooligans und viele andere bekannte wie unbekannte Fußballanhänger.

Der Autor

Christoph Biermann, geboren 1960, ist freier Autor und Sportkorrespondent der Süddeutschen Zeitung in Köln. Er veröffentlichte zahlreiche Bücher zum Thema Fußball, u. a. »Der Ball ist rund damit das Spiel die Richtung ändern kann« (mit Ulrich Fuchs), KiWi 702, und »Meine Tage als Spitzenreiter. Letzte Wahrheiten über Fußball«.

W0109924

Christoph Biermann

Wenn du am Spieltag beerdigt wirst, kann ich leider nicht kommen

Die Welt der Fußballfans

Kiepenheuer & Witsch

5. Auflage 2005

© 1995 by Verlag Kiepenheuer & Witsch, Köln
Alle Rechte vorbehalten. Kein Teil des Werkes darf in
irgendeiner Form (durch Fotografie, Mikrofilm oder ein anderes
Verfahren) ohne schriftliche Genehmigung des Verlages
reproduziert oder unter Verwendung elektronischer Systeme
verarbeitet, vervielfältigt oder verbreitet werden.
Umschlaggestaltung: Barbara Thoben, Köln
Umschlagfoto: ZEFA / Lili K.
Satz Jung Satzcentrum GmbH, Lahnau
Druck und Bindearbeiten Clausen & Bosse, Leck
ISBN 3-462-02464-7

Für meine Mutter.
Nicht nur, weil sie damals den blau-weißen Schal
gestrickt hat.
Für meinen Vater.
Nicht nur, weil er mich damals ins Stadion mitgenommen
hat.
Für Katrin.
Nicht nur, weil sie damals nach dem Spiel geblieben ist.

Inhalt

Einleitung   11

I. Kurvengeschichte   12

   1. Das erste Mal   12
   2. Am Fußball wachsen   16
   3. Gold in Herne   21
   4. Mit einem Helden gegen »Die«   29
   5. Heiße Gewalt   34
   6. Glauben, Leiden, Hoffnung   41
   7. Ich möchte Teil einer Jugendbewegung sein   45
   8. Kalte Gewalt   48
   9. …und ihr nicht!   53
  10. Trotzdem   55
  11. Die Fankurve im Zeitalter ihrer technischen Reproduzierbarkeit   58
  12. Ohne uns seid ihr nichts!   62
  13. Ein Foto zum Schluß   66

II. Stimmen zum Spiel   69

   David Stumm, Liga-Phantast   71
   Frank Benatelli, Exprofi   75
   Volker Goll, Fanzine-Macher   81
   Carlo Farsang, Groundhopper   95
   Raik P., Vor-Wende-Fan   107
   Günther Janssen, Musikfußballer   117
   Gerd Niebaum, Vereinspräsident   125
   Anjo Scheel, Fanpolitiker   137
   Petra Klein, Respektperson   151
   Marcel Reif, Reporter   159

Mike Ticher, Exilant   171

Heino Hassler, Gewalthistoriker   177

Norbert Bolz, Philosoph   191

Dirk Mansen, Fan im Verein   203

Jean-Marc H., Doppel-Fan   211

Britta Steilmann, Managerin   217

Horst Metzger, Routinier   225

Joachim Król, Vatersohn   235

Einleitung

In keiner Sportart spielen die Zuschauer eine so wichtige Rolle wie im Fußball. Sie sind mehr als nur Kulisse. Denn sie schauen nicht allein zu, sondern gestalten das Ereignis mit. Nur ihre Anwesenheit macht das Spiel überhaupt zu einem Ereignis. Durch ihre Präsenz und Anteilnahme, ihre Begeisterung und Anfeuerungsrufe werden sie zum Teil des Spiels. Zum zwölften Mann.

An diesem einfachen Zusammenhang hat sich in der Geschichte des Fußballs wenig verändert. Geändert haben sich allerdings die Zuschauer auf den Rängen, ihr Verhalten und ihre Rituale. Es gibt eine Geschichte des Zuschauens beim Fußball. Und es gibt viele, sehr unterschiedliche Geschichten darüber, welche Rolle der Fußball im Leben seiner Fans spielt.

Ich bin einer dieser Fans. Deshalb habe ich versucht, die Veränderungen auf den Rängen aus eigener Erfahrung zu beschreiben. Und habe mich dann zu einer Reise aufgemacht, bei der ich die Stimmen derer gesammelt habe, für die Fußball mehr ist als ein flüchtiges Vergnügen oder schlichtes Geschäft. Weil es ihnen um die Leidenschaften und Besessenheiten, Phantasien, Träume, Sentimentalitäten und den Spaß geht, der mit dem Fußball verbunden ist. Und so ist dieses Buch ein Versuch, das Rätsel zu entschlüsseln, warum wir alle auch nächstes Wochenende wieder ins Stadion gehen werden.

Christoph Biermann
Köln, Juli 1995

I. Kurvengeschichte

Ich verliebte mich in Fußball, wie ich mich später in Frauen verliebte: plötzlich, unerklärlich, unkritisch und ohne einen Gedanken an die Schmerzen oder Zerreißproben, die das mit sich bringen würde.

Nick Hornby, Fever Pitch

1. Das erste Mal

Der Tag, an dem mein Leben als Fußballfan begann, war ein warmer Oktobersonntag. Vielleicht war das der Grund, weshalb ich an jenem Nachmittag nicht mit meinen Eltern und meinem Bruder auf dem Sofa hockte, Kaffee trank, Kuchen aß und im Fernsehen Mädchen mit kurzen Röcken zuschaute, die Pirouetten und Toe-Loops aufs Eis zauberten, oder Springreitern, die ihre Pferde auf Doppel-Oxer zutrieben. Statt dessen saß ich mit meinem Vater auf der Tribüne des Stadions am Schloß Strünkede, der Heimat des SC Westfalia Herne 04. Ich hatte bei ihm lange darum betteln müssen, denn alleine wollten meine Eltern ihren Zehnjährigen nicht zum Fußball gehen lassen. Zwar war mein Vater früher fast an jedem Wochenende bei irgendeinem Spiel der Oberliga West gewesen, aber er hatte im Laufe der Jahre das Interesse verloren. Außerdem hatte er Westfalia Ende der Fünfziger noch in Spielen um die Deutsche Meisterschaft gesehen und konnte deshalb die Mannschaft des Jahres 1971 nicht richtig ernst nehmen.

Die Umstände meines Debüts waren nicht besonders spektakulär. Das Stadion war viel zu groß für das Spiel zweier

Mannschaften aus den Niederungen der Regionalliga West. Gerade einmal dreitausend Zuschauer ließen zehnmal so viele Plätze frei. Die Bänke auf der großen Haupttribüne waren schmutzig, das Holz splitterte, und an einigen Stellen schauten sogar rostige Nägel heraus. Manche der blau-weiß angestrichenen Wellenbrecher auf den Rängen waren stark angerostet. Auch wußten weder die Spieler von Westfalia Herne noch ihre Gegenüber in den schwarz-gelben Trikots des VfR Neuss irgendwelche Momente zu produzieren, die mir über die Jahre in Erinnerung geblieben wären.

Trotz der Bescheidenheit des Ereignisses amüsierte sich mein Vater ganz gut. Mit einer gewissen Begeisterung machte er mich immer wieder auf einen Spieler aufmerksam, der unter seinem Neusser Trikot einen kleinen Kugelbauch verbarg. Das sei Albert Brülls, erklärte er, der wäre früher in der Nationalmannschaft gewesen und hätte sogar bei einer Weltmeisterschaft mitgespielt. Auch nahm mein Vater trotz seines angeblichen Desinteresses durchaus am Spiel Anteil, wie die manchmal etwas lauteren »Aahs« und »Neins« verrieten, die ihm entschlüpften, wenn der Ball nur knapp am Tor vorbeiflog. Ich war ganz froh darüber, daß es ihm gefiel, denn dieser Ausflug versprach, daß wir etwas Gemeinsames hatten. Hier saßen wir nebeneinander – unter Männern – und schauten zusammen aufs Spielfeld. Das war viel besser als Spazierengehen oder Fernsehgucken. Und typische Vater-Sohn-Beschäftigungen wie das Basteln im Hobbykeller oder aufregende Operationen am Motor des Autos gab es bei uns sowieso keine. Mein Vater las nicht einmal Gebrauchsanleitungen.

»Was auf dem Fußballplatz geschieht, das ist wichtig. Nicht wie Nahrung, sondern eher wie für einige Leute Gedichte und für andere Alkohol wichtig ist: Es nimmt die Persönlichkeit in Beschlag«, hat Arthur Hopcraft vor 25 Jahren in seinem Buch »The Football Man« geschrieben. Genau das war es, was mir an jenem Oktobersonntag bei diesem höchst durchschnittlichen Spiel der Regionalliga West in einem Stadion widerfuhr, das schon größere Mannschaften in besseren Zeiten gesehen hatte. Fußball nahm mich in Besitz. Was während meiner ersten neunzig Minuten geschah, war eine Art zweiter Geburt. Der noch unscharfe Blick ging aufs Spielfeld hinunter, und ich begann die Mannschaften auf dem Feld zu unterscheiden. Zwei Teams standen sich dort gegenüber und versuchten sich den Ball abzujagen, um ihn ins gegnerische Tor zu befördern. Das kannte ich aus dem Fernsehen und hatte es schon selbst viele Stunden auf dem Garagenhof nachgespielt. Doch hier im Stadion war das Spiel anders. Es bekam eine neue Bedeutung. Wie sonst ließ es sich erklären, daß selbst bei diesem Spiel die Leute um uns herum fluchten und stöhnten, schimpften und applaudierten? Offensichtlich hatten die meisten ihr Geschick an diesem Nachmittag mit dem der Spieler, dem Spielverlauf und seinem Ergebnis verbunden. Was dort auf dem Rasen geschah, bedeutete ihnen etwas. Während ich von meinem Platz auf der Tribüne aufmerksam und neugierig diese fremde Welt beobachtete, versuchte ich zu verstehen. Und sei es nur, indem ich meinen Vater und die anderen ringsum kopierte. Als Versuch, das Geheimnis ihrer Erregung zu entschlüsseln, mußte ich eine Entscheidung fällen. Ich mußte Partei beziehen! Also wollte ich nun auch, daß die Mannschaft in den blauweißen Trikots, daß meine Mannschaft siegte. Selbst mit dem dicken Albert Brülls hatte ich kein Nachsehen mehr, ob er nun bei der Weltmeisterschaft gespielt hatte oder nicht. Ich wollte, daß unsere Spieler ihm und den anderen Schwarz-Gelben möglichst schnell den Ball wegnahmen, auf- und davonliefen. Und ins Tor schossen. Ich wollte mit allen anderen die Arme hochreißen und den Sieg feiern.

Es war schön im Stadion. Die frische Luft, der Geruch des Rasens, die Reihe Pappeln hinter den Stehrängen, die kaputte

Uhr mit der immergleichen Zeitangabe, die blecherne Stadionansage, die aufgeregten Zuschauer, die man aus dem Augenwinkel beobachten konnte und das Spiel, das ich kannte und mochte. Doch weder diese Eindrücke noch die schöne Gemeinsamkeit, mit meinem Vater dort zu sein, waren für mich der größte Anreiz, um beim nächsten Wochenende wieder ins Stadion gehen zu wollen, beim nächsten wieder und wieder – für immer.

Fußball leert den Kopf. Radikal und komplett. Das war es, was mir damals so gut gefiel und heute immer noch. Für neunzig Minuten gibt es kein Grübeln und keine Gedanken, die über das Spiel hinausgehen. Neben der leichten, schwebenden Leere ist nur noch für ganz einfache Fragen Platz. Wird er seinen Gegenspieler umdribbeln? Wird die Flanke präzise genug sein? Wird der Kopfball im Tor landen? Wird dieser Vorsprung halten? Das Denken wird schlicht, und man gerät in eine wunderbare Balance von Gelöstheit und völliger Anspannung. Je mehr man sich dem Spiel ausliefert, der Hoffnung und Vorfreude auf einen Sieg und der Angst vor der Niederlage, desto größer wird die Anspannung. Und um so weiter wird man aus der Welt hinausgetragen. Teilt man diesen Zustand mit vielen Menschen, wird der Sog noch größer. In einem Fußballspiel kann ich versinken. Das unterscheidet Fußball von allen anderen kulturellen Veranstaltungen. In Musik, in Bildern, oder Büchern versinke ich nie, eher fliegen die Gedanken davon. Nur im Fußball gehe ich verloren.

»Das ist doch nur ein Spiel!« gehört deshalb auch zum Verlogensten, was man im Stadion hören kann. Nur »Möge die bessere Mannschaft gewinnen« ist noch schlimmer. Wer so etwas sagt, will sich vernünftig verlieben, geschützt vor der Möglichkeit der Enttäuschung. Das ist die Angst davor, sich dem Schicksal auszuliefern, und der Irrglaube, daß man das vermeiden kann, und natürlich ist das falsch, ganz falsch!

Denn es muß heißen: Möge meine Mannschaft gewinnen! Und spiele sie noch so schlecht. Sei sie noch so unfähig und hölzern, inkompetent und von allen guten Geistern verlassen. Bitte, wenn es da oben einen gerechten Gott gibt, laß mein Team in diesem Kampf des Guten gegen das Böse gewinnen. Doch Gott war schon bei meinem Debüt unaufmerksam, und Lothar Dombrowski schoß vorbei. Das Spiel endete Null zu Null.

Aber ich ging zufrieden nach Hause und werde diesen Tag nicht vergessen. Niemand, der im Fußball verlorengegangen ist, wird sein erstes Mal vergessen. Alle wissen danach, daß etwas Neues begonnen hat.

2. Am Fußball wachsen

Eine der größten und schrecklichsten Aufgaben, vor denen der Mensch in seinem Leben steht, ist es, erwachsen zu werden. Anstatt für immer Legosteine zusammenzustecken oder fünfstündige Fußballspiele auszutragen, dem Nachbarn Rhabarber aus dem Garten zu klauen oder Blutsbrüderschaft hinter dem Schulgebäude zu schließen, wird dem Kind bald nahegelegt, zu lernen und eine eigenständige Persönlichkeit zu entwickeln. Das sind große Aufgaben, und Jungen machen es sich da – zumeist bis an ihr Lebensende – ziemlich einfach. Fast jeder Junge beginnt im Vorfeld der Pubertät irgendwelche Passionen oder Hobbys zu entwickeln. Er sammelt Briefmarken oder Bierdeckel, lernt Daten von Autos oder Motorrädern auswendig, spielt Fußball oder Querflöte, daddelt an Computern oder beginnt, wie mein Freund Holger, Opern zu dirigieren. Eine Persönlichkeit ist er damit zwar noch nicht, aber jetzt hat er etwas, woran er sich festhalten kann. Und das tut er folglich mit großer Begeisterung. Auch wenn diese Fachgebiete wechseln mögen, irgendwann vielleicht ganz wegfallen und von beruflichem Wissen ersetzt werden, bieten sie einen ungeahnten Vorrat zur Identitätsbildung und Verständigung mit der Außenwelt. Besonders in der dunklen Zeit der Pubertät sind sie oft genug der rettende Anker. Und wenn man das einmal gelernt hat, bleibt es nicht allein für 15jährige Opfer ihres Hormonhaushaltes hilfreich, sondern auch für ausgewachsene 35- oder 55jährige Männer. Anstatt sich über irgendwelche Irrungen und Wirrungen des Herzens auszutauschen, sprechen Männer über ihre Arbeit, versammeln sich in Vereinen, in denen sie die Aufzucht von Diskusfischen beraten, oder reden über Fußball. Die Millionenschar der Bundestrainer vereint glückliche Inhaber eines Gesprächsthemas. Und irgendwie tauschen wir großen Jungs uns dabei so ganz nebenbei natürlich auch über unsere Gefühle aus, wenn wir über Berti Vogts diskutieren. Ein wenig jedenfalls.

So baute ich also mein Fanleben kontinuierlich aus. Ich besuchte nicht allein die Spiele von Westfalia, sondern leitete auch meinen Etat für »Bessy«- und »Wastl«-Comics auf Sportzeitungen um. Außerdem sammelte ich jetzt noch entschlossener Fußballbilder, um die wir in den Schulpausen schnibbelten. Wessen Bild am nächsten an der Wand landete, der durfte den Rest behalten. Natürlich schnibbelten wir alle nur mit den Portraits, die wir doppelt hatten. Und da das durch geheimnisvolle Fügung die gleichen Bilder waren, konnte man dicke Stapel gewinnen, ohne seine Lücken im Sammelalbum zu schließen. Es ist mir bis heute ein Rätsel, wie »Bergmann-Bilder« eine Verteilung gelang, durch die wir in jeder zweiten Tüte Herbert Büssers vom MSV Duisburg fanden, aber nur wenige Auserwählte in den Besitz des damaligen Stuttgarters Karl-Heinz Handschuh kamen. War das in anderen Städten genau ungekehrt, wo man mit Bergen von Büssers-Konterfeis tolle Tauschaktionen hätte durchführen können, oder gab es eine bundesweite Handschuh-Verknappung?

17

Auch begann ich in dieser Zeit, Privatstatistiken zu führen. Wahrscheinlich ist die ungeheure Beliebtheit von Sportstatistiken bei Kindern und sonstigen schlichteren Gemütern (Amerikaner!) durch zwei Dinge zu erklären: Statistiken, vor allem selbstgeführte, sind ein sehr einfaches Aneignungsverfahren, das für ein Gefühl der Teilnahme und des Verstehens sorgt. Natürlich ist das völliger Unsinn, aber auch heute noch kann ich mich der Faszination eines Satzes nicht entziehen, der sagt: »Das war erst der zweite Treffer mit einem Linksschuß, den Borussia Mönchengladbach vor dem Seitenwechsel in Heimspielen dieser Saison erzielt hat.« Außerdem sind Statistiken eine schlichte Form der Geschichtsschreibung. Sie halten Geschichte auf dem einfachsten Niveau der Daten, Zahlen, Fakten fest. Weil ich jetzt ebenfalls Teil dieser Geschichte war, tat ich es auch. Ich übertrug die Mannschaftsaufstellungen meines Teams, Tabellen, Torschützenlisten und dieser Dinge mehr sehr aufwendig in ein Heft, das leider später verlorengegangen ist. Es gab dabei nämlich auch ein kompliziertes Unterstreichungsverfahren, aus dem hervorging, wer meiner Ansicht nach am besten gespielt hatte. All diese Beschäftigungen ließen dabei mein neues Spezialwissen sprunghaft wachsen, während das Interesse an Fachgebieten aus der »Was ist was?«-Welt, wie Seevögel, Tiere der Wüste oder Flugzeuge des Zweiten Weltkriegs, rapide verblaßte.

Die Besuche beim Fußball, mit meinem Vater oder ohne ihn, waren nun so regelmäßig wie die sportliche Erfolglosigkeit meiner Mannschaft. Wovon ich aber nicht sonderlich beeindruckt war, schließlich kannte ich es nicht anders. 2:1-Siege gegen Eintracht Gelsenkirchen hielt ich für Triumphe und Unentschieden gegen Fortuna Düsseldorf für unsterblich. Dem Rest begegnete ich mit Trotz. Ich hatte verstanden, Partei zu ergreifen, nun wollte ich auch nicht wanken. Daher war es für mich auch völlig unverständlich – und ist es auch heute noch –, wie die Jubler und Stöhner meines ersten Spielbesuchs irgendwann zu Hause bleiben konnten. Waren sie alle erkrankt? Für mich stand es jedenfalls außer Frage, daß ich auch zum letzten Spiel der Regionalliga-Saison 1974 gehen würde, obwohl sich Westfalia nicht für die neue Zweite Liga Nord qualifiziert hatte. Das 1:5 ertrug ich mit der gleichen Würde wie die gewohnt ironischen Bemerkungen meines Vaters, der ebenfalls unentschuldigt gefehlt hatte. Allerdings konnte ich ihm nicht sehr böse sein, denn in den Monaten zuvor hatte er sich bei der Erkundung der großen Fußballwelt als Fahrer und schützender Begleiter sehr profiliert. Mir war bei aller Hingabe für Westfalia klargeworden, daß ich als Zuschauer eine neue Herausforderung brauchte. Zwar bewiesen die allsamstäglichen Schaltungen der »Sportschau« zu Wolfhard Kuhlins nach Frankfurt, daß es um die Bundesliga nicht zum besten stand, denn immer wieder berichtete der Chronist des Bestechungsskandals mit dunkler Stimme von neuen Verfehlungen und Gerichtsverfahren, aber andererseits bewies die gleiche »Sportschau«, daß in der Bundesliga eben der große, richtige Fußball gespielt wurde. Anders als im Fall von Westfalia, die mir das Schicksal zugespielt hatte, konnte ich nun auswählen. Meine Bundesligamannschaft sollte im Umkreis sein. Schließlich wollte ich sie auch sehen können und nicht auf eine seltsame Fernliebe zu Bayern München oder Borussia Mönchengladbach angewiesen sein. Also machte ich mit meinem Vater einige Antrittsbesuche. Zuerst beim VfL Bochum. Der Eindruck war ungeheuer, obwohl zum Spiel gegen den 1. FC Kaiserslautern nicht mehr als achtzehntausend Zuschauer gekommen waren. Laut war es nicht nur, weil es Fans gab, die ihre Mannschaft anfeuerten. Das ganze Stadion schien zu brummen. Zum ersten Mal erlebte ich eine Masse, und obwohl ich mich ängstlich an meinen Vater schob, war ich gleichzeitig völlig aus dem Häuschen darüber.

Im Gelsenkirchener Parkstadion war es noch ungeheuerlicher. Nicht nur, daß die ganze Anlage überwältigend groß und die Zahl der Zuschauer dreimal so hoch wie in Bochum war, hier schienen alle vom Spiel besessen zu sein. Wir standen in der Nordkurve, direkt neben dem Fan-Block, und zum ersten Mal ahnte ich, was eine Masse im Stadion bewirken kann. Pure Energie und ungebremste Leidenschaft entwickeln, schön, stark und klar von einem Moment auf den nächsten. Hier gab es keine Zweifelsfälle. Pfiff der Schiedsrichter für Schalke, war es gut. Entscheidungen gegen Schalke machten ihn zum Verräter. Fouls an Schalker Spielern waren persönliche Attacken gegen die Zuschauer und Gegentore niederträchtige Anschläge. Andererseits ging es ziemlich rüpelig zu. An unserem Platz in der Nordkurve kamen ständig finstere, betrunkene Gestalten mit bestickten Jeanswesten vorbei und rempelten sich den Weg frei. Das mit der Masse schien zwei Seiten zu haben.

So war ich nicht entschlossen, ob ich Schalke nun für einen Abgrund oder den Höhepunkt des Fußballs halten sollte. Da kam Wolfhard Kuhlins und wies mir den Weg. Schalke 04, so erfuhr ich aus seinem Frankfurter Studio, hatte mich betrogen. Während aller Bestechungsvorwürfe im Rahmen des Bundesligaskandals war ich an ihrer Seite gewesen. Fichtel und Sobieray, Fischer und Rüssmann waren unschuldig! Ich war fest überzeugt, sie wären Opfer einer gemeinen Verschwörung. Sie hatten einen Eid abgelegt, und ich hatte ihnen geglaubt. Und nun hörte ich, daß sie gelogen hatten, und meinem jugendlichen Gerechtigkeitssinn war die erste Erschütterung zugefügt. Die Sache mit Schalke war für mich entschieden. Für immer!

Und Borussia Dortmund? Dort war die Atmosphäre am tollsten. Hysterisch zwar, aber nicht ganz so überdreht wie in Schalke. Das Westfalenstadion war gerade eröffnet worden, und selbst zu Spielen gegen Gütersloh kamen über vierzigtausend Zuschauer. Aber die Gegner der damals zweitklassigen Borussia hießen eben DJK Gütersloh und Union Solingen. Und das war nicht weit genug von Westfalia Herne entfernt. Die Dinge begannen sich zu ordnen, meine Welt wurde säuberlich aufgeteilt. Und vielleicht war es mein Faible für Verlierer, daß es neben Westfalia Herne am Sonntag für den Samstag und die Bundesliga nun den VfL Bochum gab.

3. Gold in Herne

Ich hatte es also gut. Binnen dreier Jahre hatte ich mir das Spezialgebiet Fußball erobert und zwei Vereine, die ich unterstützen konnte. Unseren Mathelehrer, der auch zum VfL ging, lenkte ich in der Montagsstunde mit Rückschauen aufs Fußballwochenende ab. Durch ausgiebige Lektüre der Sportseiten konnte ich auf dem Schulhof jeder Fachdiskussion standhalten und war dabei wahrscheinlich ein Klugscheißer. Ich war jetzt vierzehn Jahre alt und fürs Leben gewappnet. Außerdem begann Westfalia plötzlich zu siegen, und das fast an jedem Wochenende. Die Gegner hießen in der Drittklassigkeit zwar nur noch TuS Neuenrade und SC Neheim-Hüsten, die Ergebnisse dafür 7:1 und 5:2.

Warum das so war, konnte man bald an den Wänden der Haupttribüne sehen. Zunächst wurden sie weiß gestrichen, dann erschienen darauf Bilder von Tankschiffen, Tanklagern und Tankstellen. Und dazu der Name »Goldin«. Dieses Wort war die Verheißung einer neuen, goldenen Zeit. Es stand für bessere Spieler, Trainer, die man aus der Sportschau kannte und vor allem für Siege. Außerdem lernte ich ein neues Wort: Mäzen.

Unser Mäzen hieß Erhard Goldbach und besaß eine Tankstellenkette, deren Erfolgskonzept darin bestand, billig zu sein. Den Hauptsitz hatte die Firma in Wanne-Eickel, fünf Kilometer von unserem Stadion entfernt. Wahrscheinlich war Goldbach auf dem Weg zur Arbeit daran vorbeigekommen und hatte befunden, daß dies ein guter Ort sei, über den er seine Bekanntheit mehren könne. Vielleicht wollte er auch nur geliebt werden. Weil er viel Geld mitbrachte, wurde er von heute auf morgen Vereinsvorsitzender. Als solcher sorgte er dafür, daß die Spieler nicht mehr nur aus Herne-Baukau oder Recklinghausen-Suderwich kamen, sondern von weither. Manch einer von ihnen hatte sogar schon in der Bundesliga gespielt. Sie kamen allerdings nicht nach Herne, weil sie meine Einschätzung teilten, daß Westfalia ein unterstützungswürdiger Verein wäre, sondern weil der Mäzen sie mit Geld überzeugte.

Bislang hatte ich mir nicht viel Gedanken darum gemacht, daß Spieler Geld bekamen, obwohl man bei Bayern München damals von nichts anderem zu reden schien (eine Tradition, der man treugeblieben ist). Aber jetzt wurde der Zusammenhang zwischen Fußball und Geld offensichtlich, und das nicht nur in Herne. Der Bundesligaskandal, in dem sich besessene Kleinkrämer gegenseitig mit miesen Tricks überboten hatten, war der schmutzige Abschluß der ersten Phase des deutschen Profifußballs gewesen. Begonnen hatte die Professionalisierung erst 1963, als in der Bundesrepublik als letzter der großen westlichen Fußballnationen eine Profiliga eingeführt wurde. In den ersten Jahren, in denen Transfersummen, Handgelder und Gehälter noch begrenzt waren, wimmelte es von schwarzen Kassen und doppelten Buchführungen, weshalb Hertha BSC 1965 sogar der Bundesliga verwiesen wurde. Doch das Geschäftsgebaren schien sich nicht zu bessern, auch nicht, als die Bundesliga sportlich erfolgreich wurde und mit Borussia Dortmund 1966 erstmals eine deutsche Mannschaft einen Europapokal gewann.

Als Horst-Gregorio Canellas, der Präsident der Offenbacher Kickers, auf seiner Geburtstagsfeier im Juni 1971 auf den Abspielknopf seines Tonbandgerätes drückte, war alle Unschuld der Liga dahin. Daß Fußball ein Geschäft geworden war, hatten die Kritiker schon längst geraunt. Nun bewiesen Canellas' Aufzeichnungen von Telefongesprächen, daß es ein faules war. Spieler pokerten um Bestechungssummen, Vereinspräsidenten überboten sich um zu kaufende Siege, dunkle Mittelsmänner waren mit Geldkoffern unterwegs, und der Glaube der Fans daran, einen fairen Wettkampf zu sehen, war dahin.

Der gesamte Abstiegskampf der Saison 1970/71 war manipuliert worden, und Canellas' Offenbarungen waren die des betrogenen Betrügers, denn auch er hatte die Rettung vor dem Abstieg zu kaufen versucht. Nur war die Konkurrenz aus Bielefeld erfolgreicher gewesen. Sechzig Spieler, Trainer und Funktionäre von Kickers Offenbach, Arminia Bielefeld, Schalke 04, Hertha BSC, VfB Stuttgart, Eintracht Braunschweig, MSV Duisburg und dem 1. FC Köln waren in die Manipulationen verwickelt, eine halbe Million Mark wechselte auf dunklen Wegen die Besitzer. Es dauerte Jahre bis alles (oder auch nicht) aufgeklärt war.

An den Kassen der Liga bedeutete der Skandal eine Katastrophe. Die Zuschauerzahlen stürzten in der folgenden Saison auf das bis heute gültige Rekordtief von durchschnittlich 16.387 Besuchern pro Spiel ab. Die Geschäfte in der Bundesliga mußten neu geordnet werden. Nur sauberer Sport sicherte den geschäftlichen Erfolg. Aber das galt auch anders herum: Nur gute Geschäfte sorgten für sportlichen Erfolg. Also stiegen die dicken Fische ein – oder zumindest die dickeren. Im Jahr eins nach dem Skandal wurde passenderweise Bayern München Deutscher Meister, verteidigte fortan zweimal den Titel und wurde dreimal in Folge Europapokalsieger der Landesmeister. Und dank Robert Schwan von Bayern München lernten wir, daß es Manager nicht nur bei Siemens gibt. Schwan schaufelte fleißiger als alle Konkurrenten Geld in die Kassen, weshalb er zum Vorbild vieler

Vereinsmacher wurde. Günther Mast, der mit seinem »Jäger-meister« für einen Teil der Betrunkenen im Stadion sorgte, setzte als Präsident bei Eintracht Braunschweig 1973 die Trikotwerbung durch und bekannte: »Mich interessiert Sport nicht, ich gehe lieber zur Jagd.« Und in Hamburg tauchte erstmals Dr. Peter Krohn auf und sprach neue Zau-berworte. Erst als Präsident und später als »Generalmana-ger« redete er von »Show« und »Business«, wo der »Schatz-meister« früher von »Fußball« geredet hatte. Dann steckte er seine Spieler in rosafarbene Trikots mit Dackelohrkragen, um mehr Frauen ins Stadion zu locken.

In dieser Zeit, nachdem die Erinnerung an den Bundesliga-skandal vom Weltmeisterschaftsgewinn 1974 verwischt wor-den war, formierte sich zaghaft das goldene Dreieck aus Ver-einen, Industrie und Fernsehen. Die Summen waren noch bescheiden, aber sie stiegen. Noch gab es kleinliche Streits über die Live-Übertragung von Europapokalspielen im Fernsehen, die oft erst in letzter Minute entschieden wurden. Aufrechte TV-Macher feilschten um jede Mark Übertra-gungshonorar, die Größe von Werbebanden am Spielfeld-rand sowie Werbeschriftzügen auf den Trikots. Ich kann mich noch an die Übertragung eines Länderspiels der deut-schen Nationalmannschaft in Argentinien erinnern, bei der Kommentator Rudi Michel mit der gleichen Abscheu über quergestellte Werbebanden hinter den Toren sprach wie ein Temperenzler über Saufgelage. Noch versuchten sich nur experimentierfreudige Unternehmen am neuentstehenden Werbeträger Fußball. Im Jahr nach dem WM-Gewinn hatten neben Braunschweig nur Frankfurt, Düsseldorf, Bayern München und der HSV des Dr. Krohn Werbung auf ihren Trikots. Und noch gab es viele Vereine, bei denen mehr vom Vereinslied die Rede war als von Bilanzerstellungen.

Die Zuschauer spürten die Veränderungen. Das Geld ver-sprach ihnen damals nicht mehr Glamour, Aufregung und

Spaß, sondern störte sie. Besonders die Bayern, die sich am deutlichsten vom Fußball der Vergangenheit verabschiedeten und beharrlich kühle Professionalität in den Vordergrund stellten (der HSV wirkte daneben eher lustig aufgedreht), zogen die Abneigung vieler Fans auf sich. Wo immer sie spielten, wurden sie wütend ausgepfiffen und forderten teilweise sogar puren Haß heraus. In Wuppertal wurde ihr Bus mit Steinen beworfen, und in Essen warf ein Fan sogar ein Messer nach Sepp Maier.

In England entwickelten in jener Zeit Soziologen erstmals eine Theorie zu den Veränderungen des Fußballs und seines Publikums. Ian Taylor stellte bereits 1971 die Behauptung auf, daß das Spiel eine »Bourgeoisierung« erlebt hätte. Dabei ging er davon aus, daß in den 50er Jahren und zuvor Spieler und Zuschauer hauptsächlich Mitglieder der Arbeiterklasse

Polizeischutz für die Reichen. Bayern-Stars 1974 in Wuppertal

25

gewesen waren. Dies hat sich im Laufe der Zeit zunächst auf Spielerseite verändert, als Anfang der sechziger Jahre das (sehr niedrige) Höchstgehalt abgeschafft worden war, und viele Spieler dadurch einen Sozialaufstieg erlebten. Außerdem habe das Spiel ein neues Publikum aus der Mittelschicht angezogen. Das traditionelle Arbeiter-Publikum hat sich durch diese Veränderungen bedroht und zurückgedrängt gefühlt. Dazu gehörte auch der Eindruck dieser tief mit »Fußball-Bewußtsein« durchdrungenen Zuschauer, daß sie nun keinen Einfluß mehr auf die Vereinspolitik haben. Entwickelt wurde die These von Taylor, um die damals in England erstmals massiv auftretenden Zuschauerkrawalle beim Fußball zu erklären. In diesen sah der Wissenschaftler einen Widerstand gegen besagte »Bourgeoisierung« des Spiels und einen gewaltsamen Versuch, die Kontrolle über das Spiel zurückzugewinnen. Oder, um die Aussage noch mal zuzuspitzen und auf deutsche Verhältnisse zu übertragen: Robert Schwan wollte den Arbeitern den Fußball wegnehmen, und deshalb warfen in Essen junge Proleten ihre Springmesser nach Sepp Maier.

Trotz vieler Unterschiede zwischen der englischen und deutschen Situation und obwohl Taylors Ansatz sicherlich in vielerlei Hinsicht ein eher romantisches, denn historisch unbedingt korrektes Bild des Publikums zeichnet, trägt er doch zum Verständnis der Entwicklung des Profifußballs sehr viel bei. Bereits in den fünfziger Jahren, als die DFB-Funktionäre noch mit Argusaugen über jede Überweisung auf Spielerkonten wachten, hatten wirtschaftliche Faktoren die Entwicklung des Spiels bestimmt. Das galt nicht nur für spektakuläre Spielertransfers, wie etwa beim »100.000-Mark-Sturm« von Preußen Münster, mit dem sich der westfälische Klub bereits 1951 nach vorne kaufen wollte, oder der »Texas-Elf« von Werder Bremen, die mit den Geldern eines örtlichen Tabak-Unternehmens, dessen bekannteste Marke

»Texas« hieß, zusammengeholt wurde. Zum Ende der Oberligen gab es bereits erste Konzentrationen im Fußballgeschäft, das doch angeblich noch keines war. Ab Mitte der 50er Jahre wurden einige Klubs zu »städtischen Repräsentationsvereinen«, wie der Fußballhistoriker Dietrich Schulze-Marmeling sie nennt, andere mußten zurücktreten. Was man auch daran erkennen kann, daß das Zeitalter der einstmals sehr populären Städtevergleiche, bei denen in einer Stadtmannschaft Spieler der verschiedenen Vereine der Stadt spielten, vorüber war. Die Vereine, die ihre Kraft nur aus dem Stadtteil schöpften, konnten finanziell und sportlich nicht mehr mithalten und wurden verdrängt. Namen wie Altona 93 in Hamburg, die Sportfreunde Katernberg in Essen oder Hamborn 07 in Duisburg sind Beispiele dafür. Die Repräsentation der Städte übernahmen nun vornehmlich der Hamburger SV, Rot-Weiß Essen, oder der MSV Duisburg. Letztere etwa besetzten die Rolle als »der« Duisburger Verein erst 1965, als sie sich von Meidericher SV in MSV Duisburg umbenannten. Nach Einführung der Bundesliga 1963 war der Markt allenfalls in den Metropolen groß genug, um mehr als einen Profiverein dauerhaft zu ernähren.

Trotzdem gab es auch Anfang der siebziger Jahre noch in vielen Städten ein selbstverständliches Zusammengehörigkeitsgefühl zwischen Verein, Spielern und Zuschauern. Das galt auch – und vielleicht länger als überall anders – in Bochum. Im Kader des VfL standen noch 1974 zehn Spieler, die in Bochum geboren und aufgewachsen waren, und nur zwei kamen von außerhalb des Ruhrgebiets. Trainer Höher hatte beim VfL gespielt, und Präsident war Ottokar Wüst, der Besitzer eines traditionsreichen Geschäfts für Herrenoberbekleidung. Selbst die Bayern hatten in den sechziger Jahren ihren Aufstieg mit Münchnern wie Beckenbauer, Schwarzenbeck und Maier geschafft. Doch solche lokalen Anbindungen spielten immer weniger eine Rolle. Die Spieler fühlten sich inzwischen kaum noch als »Ritter des Vereins«, die für den Klub, die Stadt und seine Bewohner einen fußballerischen Stellvertreterkrieg austrugen. Wie sollten sie auch, wenn sie aus ganz anderen Gegenden oder gar anderen Ländern herbeigekauft wurden. Folglich waren sie mehr ihrer beruflichen Karriere als Profispieler verpflichtet, als sich für lokale Identitäten zuständig zu fühlen.

Neben dem rein sportlichen Wettkampf begannen die Vereine ein neues Rennen um Werbeeinnahmen, Mäzene und Trikotsponsoren. Mit den dort erwirtschafteten Geldern sowie Schenkungen, Krediten und Bürgschaften versuchten die Klubs, sich die besten Spieler abzujagen. Nicht die Kunst des Trainers, eine Mannschaft aufzubauen, Talente zu entdecken und zu fördern, stand mehr allein im Vordergrund, sondern die Wirtschaftskraft im Kampf um bessere Spieler. An der Spitze der Klubs begann ein Verdrängungsprozeß, infolge dessen die alten Honoratioren der Stadt von denen abgelöst wurden, die schnelles Geld zu besorgen vermochten oder es auch nur versprachen.

Taylors These von der Übernahme des Spiels durch die Mittelschicht wurde in Deutschland eifrig aufgegriffen. Sie ist deshalb so interessant, weil sie zugleich subjektiv richtig und objektiv falsch war. Der vermeintliche Arbeitersport Fußball gehörte wahrscheinlich nie denen gehört, die ihn betrieben oder ihm zusahen. Eher war er Teil einer patriarchalischen Welt, in der Fabrikbesitzer, Leiter von Handelshäusern oder Zechendirektoren durch ihr Engagement beim lokalen Sportverein ihr Verständnis von sozialer Verantwortung einlösten. Als Vereine, Industrie und Fernsehen das Fußballgeschäft Mitte der siebziger Jahre neu zu ordnen begannen, änderte sich das. Und so entwickelten die Anhänger, die vielleicht nie wirklich die Vereinspolitik mitbestimmt und nach dem Spiel schon längst nicht mehr mit den Spielern in der Vereinskneipe ein Gespräch unter Gleichen geführt hatten, jetzt ein Gefühl des Verlustes.

Strenggenommen ging ein Riß durch die Fußballwelt. Fußball war zur Ware geworden, die Vereine zu Anbietern dieser Ware, die Fußballer stellten das Produkt her, und die Zuschauer waren die Abnehmer. Von Teilhabern waren sie zu Konsumenten geworden. Doch ganz war die Illusion noch nicht zerstört und ist es bis heute nicht. Hinter dieser so klar scheinenden Trennung und deutlichen Rollenverteilung entstand in Wirklichkeit ein undurchdringliches Gewusel. Geschäft und Gefühl, Loyalität und Profit, Karriere und Anhänglichkeit, Unterhaltung und Herzensblut, lokale Bindung und Internationalität überlagern sich allenthalben. Auch wenn Vereine sich mitunter so gebärden, sind sie noch immer keine Unternehmen, die Überschüsse erwirtschaften müssen. Vereinspräsidenten sind keine Konzernmanager, sondern mitunter sentimentale Männer in den besten Jahren, die zum Schrecken ihrer Ehefrauen Millionen verschleudern. Mancher Spieler vergißt nicht, daß er einst selber in der Kurve gestanden hat. Und viele Zuschauer sind nicht Konsumenten eines Freizeitangebots, sondern hingebungsvoll Liebende. Bis heute ist die Geschichte des Fußballs, das Verhältnis der Zuschauer zu den Spielern und den Vereinen durch dieses Spannungsverhältnis zwischen Geschäft und Gefühl bestimmt.

4. Mit einem Helden gegen »Die«

Mir war es damals ziemlich egal, daß ein offensichtlich geltungssüchtiger Neureicher Westfalia im Handstreich übernommen hatte. Endlich war was los. Schließlich sorgte er nicht nur dafür, daß die Stadionuhr wieder ging und die Holzbänke der Tribüne gestrichen wurden. Wir rauschten durch die Drittklassigkeit, und ich rollte jubelnd über den Siegtreffer beim größten Konkurrenten in Siegen eine

Böschung des Leimbach-Stadions hinunter. Wir gewannen auch die Westfalenmeisterschaft und stiegen am Ende in die Zweite Bundesliga auf. Zu den Aufstiegsspielen kamen jeweils fünfzehntausend Zuschauer, und meine Mutter behauptete, daß sie die Torschreie durch die Stadt bis zu uns nach Hause gehört hätte. Dann strickte sie mir einen blauweißen Schal, der die damals vorschriftsmäßige Länge von ungefähr vier Metern hatte, und ich drehte ihn mir nun bei jedem Windzug um den Hals.

Außerdem schenkte der Mäzen mir einen Lieblingsspieler – meinen Helden. Einen solchen zu finden, ist eine sehr persönliche Angelegenheit. Es passiert nicht einfach so, allein über den großen Namen, die sportlichen Erfolge oder das Ansehen in der Öffentlichkeit. Wer ein Team häufiger spielen sieht, lernt die Spieler kennen. Mitunter erfährt der Zuschauer mehr über die Persönlichkeit der Akteure, wenn er ihren Umgang mit dem Ball und ihr Verhalten im Spiel beobachtet, als ein langes Gespräch zutage brächte. Und das schließt sich mit unseren Wünschen und Phantasien kurz. Mitunter erkennen wir dann auf dem Platz einen, der diese Wünsche und Phantasien einlöst.

Jochen Abel hatte einen Haarschnitt wie Mogli aus dem Dschungelbuch, immer einen hochroten Kopf und schaute mit wildem, glühenden Blick über den Platz. Er fluchte über vergebene Torchancen so laut, daß ich es auf den Rängen hören konnte. Er maulte lauthals den Schiedsrichter an und schimpfte mit seinen Mitspielern. Und: Er schoß Tore. Das heißt, er monsterte, bollerte, donnerte und bombte die Bälle ins Tor. Und das nicht nur ab und zu, sondern mit bemerkenswerter Regelmäßigkeit und Ausdauer. In der Amateurliga waren es drei oder vier Tore pro Spiel und in der Zweiten Liga immer noch oft genug eins oder zwei. Ich träumte nachts davon, er zu sein.

Das hatte einerseits damit zu tun, daß er mein sportliches

Der Held, einmal milde gestimmt. Jochen Abel mit dem Ehrenkranz zum
Aufstieg in die Zweite Bundesliga

Vorbild war. Auch ich wollte bei meinen nachmittäglichen Fußballspielen im Park vor dem Tor seine Kaltschnäuzigkeit haben. Vor allem aber war Jochen Abel auf faszinierende Art und Weise ungehobelt, rüde und entschlossen. Verhaltensweisen, die mir leider nicht im ausreichenden Maße zur Verfügung standen. Jede seiner Bewegungen auf dem Platz sprach von Selbstbewußtsein und Stärke, Durchsetzungsvermögen und unbeugsamen Willen. Er war kein Künstler und kein Arbeiter, er war ein Kämpfer. Und einen solchen brauchte ich damals. Später habe ich immer wieder Sympathie und mitunter Begeisterung für andere Spieler – vornehmlich unberechenbare Dribbler – entwickeln können. Aber es ging nie mehr so weit wie bei Jochen Abel. Meine Begegnungen am Wochenende mit ihm halfen mir dabei, erwachsen zu werden. Außerdem schaffte er in meinen Augen eine makellose Karriere. Nachdem er Westfalia in die Zweite Liga geschossen hatte und dort weiter erfolgreich war, wechselte er mitten in der Saison zum VfL Bochum und rettete die Mannschaft vor dem Abstieg (und mich vor Konflikten). Er wurde der erfolgreichste Torschütze in der Bundesligageschichte des VfL und stellte die Torproduktion erst ein, als er nach Schalke wechselte. Schalke stieg dann ab.

Am Beginn der Jochen-Abel-Ära, mit wachsender Zahl von Siegen, formierte sich im Stadion ein Fanblock, an den ich mich langsam anschlich. Als wir endlich in der Zweiten Liga spielten und sich die Gründung eines Fanklubs andeutete, war ich dann dabei. Zu diesem Zweck gab es diverse Treffen in obskuren Gastwirtschaften, von denen eine recht bald in Flammen aufging, weil der Besitzer mit Hilfe der Versicherung seinen Schuldenstand regulieren wollte. Die meisten Mitglieder unseres Fanklubs, der »Die Ritter« hieß, aber mehr an den Raubritter Jobst von Strünkede erinnern sollte als an noble Ritterlichkeit, hatten erstaunlicherweise keine richtigen Namen. Oder zumindest kannte ich sie nur als

»Blondie«, »Der Lange« oder »Metzger«, wobei letzterer diesen Beruf wirklich ausübte. Die meisten der rund zwanzig Mitglieder kamen gerade aus der Schule und gingen jetzt in die Lehre. Im Büro arbeitete nur die einzige Frau in unserem Klub. Einige der älteren Mitglieder wirkten nicht sehr vertrauenserweckend, weshalb es mich auch nicht wunderte, als zwei von ihnen auf einmal fehlten, und ihre Freunde sich mit Erklärungen für ihr Verschwinden sehr bedeckt hielten.

Der Zweck des Fanklubs wurde mir in der ganzen Zeit nicht richtig klar, doch gleichzeitig erschien mir das Unternehmen völlig selbstverständlich. Die anderen Vereine hatten schließlich auch Fanklubs. Neben der Organisation von Auswärtsfahrten gehörte es zu unseren vornehmsten Aufgaben – das war auch in der Satzung festgelegt –, von unserem Platz im Stadion aus, auf Höhe der Mittellinie, die Mannschaft anzufeuern. Dazu versorgten wir uns mit Hupen, Signalhörnern und einem Schellenkranz. Außerdem bestand ein guter Teil der Freizeit darin, Blätter für den Konfettiregen kleinzuschneiden. Die Fahnen wurden größer, und mein Klassenkamerad Udo hatte einen echten »Riesenlappen«, wie man das damals nannte. Seine Fahne hatte die Fläche eines gutbürgerlichen Wohnzimmers, die zugehörige Stange mußte im Stadion zusammengesteckt werden, und die Fahne zu schwenken war ein dramatischer Kraftakt.

Wir »Ritter« waren 1976 natürlich Nachzügler. Die ersten Fanklubs waren schon zu Beginn des Jahrzehnts gegründet worden, innerhalb weniger Jahre fand die Idee bei allen Bundesligavereinen Nachahmer und sickerte dann weiter nach unten durch. Fanklubs zu gründen bedeutete, daß es genug Zuschauer gab, denen Fußball wichtig genug war, um sich auch unter der Woche mit Gleichgesinnten zu treffen. Darüber hinaus reichten die normalen Treffs in der Vereinskneipe genauso wenig aus wie die Mitgliedschaft im Verein, um sich in dieser Rolle zu bestätigen. Außerdem waren die

Klubs, obwohl durchaus auch Ältere dabei waren und oft sogar die Vorsitzenden stellten, vor allem ein Versammlungsort für Jugendliche.

In der langen Geschichte von jugendlichen Subkulturen in Deutschland bedeuteten die ersten Fanklubs einen Einschnitt. Hier wurden erstmals Fußball und Jugendkultur kurzgeschlossen. Das hatte es vorher nicht gegeben. Und es fand eher unter Hauptschülern als Gymnasiasten statt, weshalb die Erkennungszeichen Hell's Angels oder Mopeds, Asbach-Cola und Uriah Heep hießen und nicht Woodstock oder APO, Haschisch und Jimi Hendrix. Relativ schnell adaptierten die Fanklubs den Stil von Rockern. Neben Fahne und Schal wurde die »Kutte«, die mit vielen Abzeichen bestickte Jeansweste, zum Erkennungszeichen der Fans des »harten Kerns«.

Auch wenn es unserem Fanklub an solchen harten Typen mangelte, und ich nie eine »Kutte« hatte, schaffte er doch das gewünschte »Wir gegen Die«. Wir waren jung. Wir machten Krach. Wir trugen stolz unsere Farben. Wir wollten viele sein und noch lauter. Wir wollten eine Macht sein, die der Mannschaft den Rücken stärkt. Wir brauchten sie, und sie brauchte uns. Und wir wollten unsere Mannschaft siegen sehen. Die anderen waren alt. Die anderen standen nur so rum. Und die ganz anderen wollten den Sieg der anderen Mannschaft. Deutlicher war das Leben nirgendwo.

5. Heiße Gewalt

Was daraus folgte, war nicht immer harmlos. Das hatte ich schon Jahre zuvor, einige Wochen nach meinem Fußballdebüt, erleben können, als ich mein erstes Auswärtsspiel sah – in Erkenschwick. Diese erste Auswärtsfahrt war neu und einschüchternd, auch wenn sie nur zwanzig Kilometer weit wegführte. Das Stimberg-Stadion sah ganz anders aus als unseres und hatte in der Kurve anstatt Stufen nur kurzgeschnittene, struppige Sträucher. Außerdem war das Lokalderby mit fünftausend Zuschauern besser besucht, als ich es damals gewohnt war, und hatte zudem eine Art Publikum angelockt, das ich vorher nicht kannte. Betrunkene in den blau-weißen Farben unserer Mannschaft verwickelten andere Zuschauer, die rot-schwarze Farben trugen, in irgendwelche Rempeleien. Offensichtlich versuchte man sich gegenseitig die Schals wegzunehmen und die großen Fahnen, die für mich damals noch neu waren. Das war einerseits zwar ausgesprochen beängstigend, aber zugleich auch so interessant, daß ich kaum noch aufs Spielfeld schaute.

In meiner ordentlichen Kinderwelt gab es das nicht, jemanden einfach zu schlagen oder etwas wegzunehmen, ohne zu fragen. Regelrecht empört war ich deshalb einige Wochen später, als ich zusah, wie einem Kind, das noch kleiner war als ich, sein Fähnchen weggenommen und verbrannt wurde, das nicht größer als zwei Taschentücher war. Der Junge war mit seinem Vater dem Lüner SV nach Herne gefolgt und weinte wohl vor allem deshalb, weil Papa gegenüber den Rowdies nicht helfen konnte. Doch trotz meiner Entrüstung über die böse Tat spürte ich die gleiche Erregung und perverse Komplizenschaft wie zuvor schon in Erkenschwick, denn immerhin wollten die Fahnenräuber auch, daß »wir« gewinnen. Genau wie ich!

Bei meinem zweiten Besuch in Bochum wurde es dann schon ernster. Im Laufe der zweiten Halbzeit bauten sich Anhänger des VfL hinter der Kurve auf, in der die Düsseldorfer Fans standen, stürzten von dort auf sie hinunter und begannen eine Schlägerei. Ein Fortuna-Fan lief weg und kam wenige Schritte vor der Stelle, wo mein Vater und ich standen, ins Straucheln. Zwei Bochumer, die ihm folgten, traten auf ihn ein und sprangen dann, was besonders schrecklich war, auf ihm herum, als wäre er ein Trampolin.

Gewalt beim Fußball ist seit Jahren das erdrückende Über-thema, der Fokus, in dem Fußballfans wahrgenommen wer-den. Wie sehr dies aber auch durch eine veränderte Wahr-nehmung, größere Aufmerksamkeit, schärfere Bewertung oder auch Kriminalisierung von einstmals Toleriertem be-stimmt ist, zeigt eine Rückschau. Ausschreitungen von Zu-schauern haben nämlich auch in Deutschland eine lange Ge-schichte, wie ein Beispiel aus den dreißiger Jahren belegt. In der Ausgabe vom 19. Mai 1931 berichtet Dr. Martin Schröder, Berlin-Korrespondent des »Kicker«, über das Zwischenrun-denspiel um die Deutsche Meisterschaft zwischen Hertha BSC Berlin und der Spielvereinigung Fürth. In dieser Partie hatten manche Spieler offensichtlich noch alte Rechnungen zu begleichen, denn zwei Jahre zuvor hatte Fürth Hertha im Meisterschaftsfinale geschlagen. »Es wurde mit einer Erbit-terung und Härte gespielt, die niederdrückend ist und an allem irre werden läßt. Bei beiden Mannschaften sah man schon einiges, was aufs schärfste zu beanstanden ist«, stellte der Reporter fest, und berichtet dann von einem Skandal: »Vier Minuten vor Schluß, unmittelbar nach dem dritten Tor der Hertha BSC, war es wieder geschehen. Kraus I trat Ruch hart an der Strafraumgrenze in barbarischer Art rücksichts-los zusammen und wurde vom Schiedsrichter des Feldes ver-wiesen, während Ruch auf der Trage hinausgetragen wurde. Es gab nun eine der widerlichsten Szenen, die man sich den-ken kann. Kraus I wurde von fanatisierten und aufs höchste erregten Zuschauern niedergeschlagen und mißhandelt. Die Berliner und Fürther Spieler eilten zur Hilfe, minutenlang waren alle Spieler in einem tobenden Haufen verschwunden, während der Ball auf dem Elfmeterpunkt lag. Man wendete sich schon oft von solchen Exzessen ab, aber immer wieder ist es dasselbe. Ob es sich denn zum Teufel unter keinen Um-ständen verhindern läßt, daß einzelne Personen unseren Sport durch rohe Handlungen in den Dreck ziehen? Selbstverständlich ist es zu bedauern, daß Kraus I, nachdem er das Feld bereits verlassen hatte, noch gelyncht wurde. Aber konnte Kraus I, dessen Name doch in gewisser Hinsicht Programm ist, sich nicht im Zaume halten, nachdem das Spiel unwiderruflich entschieden war?« Seinen Artikel schließt Dr. Schröder mit dem Hinweis, daß der »gelynchte« Spieler Kraus I mit dem Krankenwagen ins Krankenhaus gebracht werden mußte.

Obwohl dies mit Sicherheit ein extremer Ausbruch war (Hertha wurde übrigens nicht vom weiteren Wettbewerb ausgeschlossen), so war es dennoch kein einsamer Vorfall. Der »Kicker« jener Jahre ist voll von Hinweisen auf Disziplinarstrafen, Platzsperren und Androhungen derselben. Durch die Jahrzehnte gibt es eine lange Reihe von Spielabbrüchen, Bedrohungen der Schiedsrichter, Tritten gegen Spieler. In den fünfziger Jahren endete kaum eine Saison, in der nicht gegen irgendeinen Oberligaklub eine Platzsperre ausgesprochen wurde. Und 1964 mußte der 1. FC Köln ein Bundesliga-Heimspiel in Wuppertal austragen, nachdem Schiedsrichter Lutz in der Partie gegen Eintracht Frankfurt von einem Jugendlichen mit einer Fahne geschlagen worden war. Wenn man heute die damaligen Zeitungsartikel nachliest, ist man erstaunt, wie beiläufig das zumeist kommentiert wurde. Allein der »Spiegel« sprach schon 1963 von »immer rüderem Verhalten auf den Rängen«, aber von einem moralischen Aufschrei war auch das weit entfernt.

Allerdings waren die damaligen Vorfälle auch weitgehend anlaßbezogen. Bis zum Ende der sechziger Jahren gingen Fan-Gruppen nur selten und eher »in der Hitze des Gefechts« aufeinander los. Bundesweite Schlagzeilen machte gestiegene Gewaltbereitschaft erstmals am 8. September 1971. So plazierte etwa die »Westfälische Rundschau« an diesem Tag auf ihrer Titelseite neben neuen Enthüllungen im Bundesligabestechungsskandal das Foto eines Gelsenkirchener

Ein Klassiker der siebziger Jahre. Das Waffen-Tableau wird vom Einsatz-leiter arrangiert

Schutzmanns, der vor sich auf dem Tisch ein Tableau ver-schiedener Waffen ausgebreitet hatte. Überschrift: »Schalke – Fußballfans schwer bewaffnet«. Beim Spiel zwischen Schalke und Borussia Dortmund hatte die Polizei erstmals Durch-suchungen von Fans durchgeführt. Bei einigen 14- bis 18jäh-rigen Zuschauern beschlagnahmte sie »zwei Dolche, drei aus Kuhketten und einer Fräse gebastelte Totschläger, eine Gas-pistole und 13 weitere Schlaginstrumente. Die Waffen waren teilweise mit schwarz-gelben Farben bemalt.« Schalke hatte vor dem Spiel um einen solchen Einsatz gebeten, weil an-läßlich dieser Derbys seit einiger Zeit »Straßenkampf« herrschte.

Der Kommentar dazu liest sich heute überraschend, weil man damals Fußballgewalt noch nicht mit England identifizierte: »Bald südamerikanisch auf unseren Plätzen?« Im weiteren Text heißt es ironisch: »Endlich dürfen wir die wohlbegründete Hoffnung hegen, daß es auf unseren Fußballplätzen ganz und gar südamerikanisch zugeht, nachdem wir ja schon die Drahtzäune aus heißeren und heißblütigeren Zonen übernommen haben. Das war aber nur ein Vorgeschmack. Besteht jetzt auch hier, mitten in Europa, die Aussicht, daß urplötzlich ein Schuß fällt, der den Schiedsrichter oder vielleicht einen Torschützen des gegnerischen Klubs niederstreckt? Oder daß die Anhänger des ›feindlichen‹ Vereins zusammengeknüppelt oder niedergestochen werden? Wer am Samstag in Schalke die Mordinstrumente gesehen hat, dem könnte allmählich die Lust daran vergehen, auf den Fußballplatz zu gehen. (…) Im Revier sind zwar die Grenzen zwischen Schwarz-Gelb und Königsblau ganz klar abgesteckt, aber der Kampf um den besseren Tabellenplatz hat bisher nicht dazu geführt, daß die beiden Seiten sich bis aufs Messer bekämpfen. Und das ist auch wohl nicht zu befürchten, denn das Schalker Beispiel hat gezeigt, daß es sich um einige Rowdys handelt, deren kriminelle Absichten dennoch ernst zu nehmen sind. So sind strafrechtliche Folgen durchaus notwendig.«

Es »bahnte sich« etwas an, hatte der Journalist geschrieben, aber noch war kein Sturm der Entrüstung losgebrochen. Ein paar Polizisten, »entschlossene Haltung« und die Sache wäre geritzt. Noch diskutierten die Kommentatoren anhand des Zuschauerverhaltens beim Fußball nicht den Zustand der Gesellschaft. Auch war England keine Bezugsgröße bei diesem Thema, obwohl schon 1963 beim FC Everton die ersten Zäune zwischen Spielfeld und Zuschauerrängen errichtet worden waren, und British Rail bereits 1964 die Fußball-Sonderzüge einstellen wollte, nachdem Feuerlöscher in Abteils versprüht worden waren.

Krawalle und Katastrophen kannte das deutsche Publikum

zu diesem Zeitpunkt vor allem aus Südamerika und Südeuropa. Dabei hatte es in den sechziger Jahren weltweit die unfaßbare Zahl von fast fünfhundert Toten und mehr als tausend Verletzten in Fußballstadien gegeben. Aber damals waren Argentinien, Peru und die Türkei, wo die größten Katastrophen geschehen waren, noch fern und das Thema »Gewalt beim Fußball« nicht etabliert. Noch gab es keinen globalen Austausch von Katastrophenbildern, die aus den entferntesten Winkeln der Welt am gleichen Abend über deutsche Bildschirme flimmerten.

Das änderte sich am Abend des 28. Mai 1975. Ich saß gebannt vor dem Fernseher, als Bayern München im Europapokal-Finale gegen Leeds United spielte. Das Spiel war verheerend schlecht und Bayern vom Glück in Form des französischen Schiedsrichters Kitabdjan verfolgt, der großzügig ein Foul im Münchner Strafraum übersah und ein Tor von Peter Lorimer aberkannte. Doch die Faszination ging an jenem Abend nicht vom Spiel, sondern von den Anhängern in der Kurve aus. Die Fans von Leeds United versuchten nach den Fehlentscheidungen das Spielfeld zu stürmen, rissen die Schalensitze aus der Verankerung und warfen sie den Polizisten entgegen. Einige von ihnen hatten, wie Bankräuber oder Terroristen, Mützen über den Kopf gezogen, in die sie Gucklöcher geschnitten hatten. An jenem Abend festigte sich das Bild von englischen Fans als Gewalttätern. Bereits in den drei Spielzeiten zuvor waren sie bei Europapokalspielen auch im Ausland gewalttätig aufgetreten. Das sollte sich nun Jahr für Jahr wiederholen.

Der Werbeeffekt für Fußballgewalt, der von diesem Spiel ausging, war groß. Die Bilder der hemmungslos wütenden Fans, die auch in Millionen deutscher Wohnzimmer übertragen wurden, stießen zwar bei den meisten Zuschauern auf helles Entsetzen, übten auf viele Jugendliche aber einen dunklen Reiz aus. Hier konnte man das Zusammenspiel von

Fußball, Masse und Gewalt erleben. Und für viele lag darin eine faszinierende Kraft.

Was Anfang des Jahrzehnts auf dem Niveau von Wirtshausprügeleien oder jugendlichem Kräftemessen begonnen hatte, endete nun immer öfter in schwerer Körperverletzung oder Sachbeschädigung. Einige Wochen nach dem Leeds-Spiel, im September 1975, fiel beim Lokalderby Offenbach gegen Frankfurt laut Polizeibericht »eine für Offenbach ganz neue Art von Zuschauern« auf. »Im Pulk der Zuschauer wurden Jugendliche ausgemacht, die Fahrradketten durch die Luft wirbelten.«

Noch war die Gewalt zumeist »heiß«. Sie konnte passieren, sie ergab sich, wurde auch provoziert. Der Spielverlauf spielte eine Rolle oder zuviel höhnische Schlachtrufe der gegnerischen Fans. Wenn sich die Emotionen des Spiels mit Männlichkeitsprüfungen, Saufritualen und Gruppenzwängen vermischten, wurde »Wir gegen Die« plötzlich ernst. Dann konnten sich Fans in Mitglieder eines Stammes auf Kriegspfad verwandeln.

6. Glaube, Leiden, Hoffnung

Ich nahm die Gewalt zwar wahr, aber für mich war sie kein großes Thema. Für mich ergaben sich ganz andere Probleme. Ich hatte Westfalia als traurigen Klub im Abschwung kennengelernt, hielt das für normal und freute mich über das neue Leben, das dem Verein aus dem Goldin-Tankstutzen eingetrichtert wurde. Den VfL Bochum erlebte ich zunächst als Aspiranten für mittelmäßiges Mittelmaß und dachte, daß alles irgendwie so weitergehen würde. Das Leiden hatte ich noch zu lernen.

Wer auch immer glaubt, daß Fußball für seine Fans ein Riesenspaß ist, der irrt. Es wäre schön, wenn es so wäre. Doch der befreiende Jubel über ein Tor und das Glück eines Sieges sind nur zwischenzeitliche Erleichterungen. Lauert nicht hinter der nächsten Ecke der unerklärliche Fehler des Liberos und die damit verbundene Niederlage? Wird aus dieser Niederlage nicht gar eine lange Serie ohne Sieg, die alle Chancen auf die Meisterschaft, den Sprung in den Europapokal oder auf den Klassenerhalt zunichte macht? Jeder noch so große Triumphzug schiebt die Zeit der Leiden nur auf. Und so treiben wir hilflos durch die Wochen und erbeten die Wende zum Besseren oder befürchten die zum Schlechten. Niemand ist davor sicher.

Wer gerade obenauf ist, wie jetzt Borussia Dortmund, hat lange Jahre des Siechtums hinter sich. Wer einmal ganz oben in Europa war, wie Bayern München, leidet an den Schwierigkeiten, dorthin zurückzukehren. Karlsruher haben trübstes Mittelmaß hinter sich. Freiburg gab es fast gar nicht. Und wie steht es erst um die Fans von Schalke, Hertha BSC, Braunschweig, Offenbach oder München 1860, die von verrückten Präsidenten und verwirrten Vorständlern auf den Schleudersitz gezwungen und durch die Ligen geschossen wurden oder noch werden. Vorgestern noch Europapokal, gestern Vestenbergsgreuth, Egelsbach, Zehlendorf und morgen vielleicht schon Ajax Amsterdam – oder doch nur Homburg?

Vor allem aber die Spieler lassen uns leiden. Und deshalb sollten sie sich auch nicht in dem Gefühl wähnen, daß sie so verehrt würden, wie elfjährige Autogrammjäger und kreischende Teenager am Mannschaftsbus sie glauben lassen könnten. Verderben sie uns nicht regelmäßig die Wochenenden, weil sie unter ihren Möglichkeiten bleiben? Wobei sie im Grunde schon großartig sind. Würden sie sonst doch nicht das Trikot unseres Teams tragen. Aber warum schießen sie aus fünf Metern freistehend übers Tor, leiten mit lächerlichen Fehlpässen Gegentore ein oder befördern den Ball direkt ins eigene Netz? Wir wären doch bereit für jeden Zauberpaß, jeden Kombinationswirbel und jeden erfolgreichen Torschuß vor ihnen auf die Füße zu fallen und lauthals ihren Namen zu preisen. Warum um alles in der Welt machen sie das nur so selten?

Mit dem VfL Bochum hatte ich mir zielsicher den Verein herausgesucht, der sich offensichtlich vorgenommen hatte, das Spannungsverhältnis zwischen Enttäuschung, Versagen sowie Rettung und Glück in letzter Sekunde im endlosen Dauerbetrieb zu testen. Entschuldbar war das dadurch, daß der Verein ein geprügelter Underdog war. Kaum hatten wir den Namen eines Spielers etwas lauter gepriesen (»Heinz-Werner Eggeling, la, la, la, la«), war er auch schon verkauft. Deshalb konnte man auch nicht richtig böse sein. Außer es sah einmal kurz so aus, als ob die Mannschaft sich für einen Platz im UEFA-Cup qualifizieren würde. Doch dann verloren sie – offensichtlich vor Schreck – prompt und verkrochen sich sofort wieder im unteren Mittelfeld der Tabelle. In der Erinnerung verschwimmt daher auch alles zu einer einzigen unendlich langen Saison, in der sich diese Muster immer und immer wiederholten. Ein Gottesdienst der Mittelmäßigkeit. Und oft genug konnten das nur noch achttausend Zuschauer ertragen. Wenn etwa der SV Waldhof mit reaktionärstem Mauerfußball zu empörenden 1:0-Siegen im Ruhrstadion kam. In der Kälte solcher Freitagabende im Winter stellte sich mir die Sinnfrage: Warum das alles?

Mir ist an jenen Abenden gegen Waldhof (es gab mehrere) und bei vielen anderen erbarmungswürdigen Partien nie eine Antwort auf dieses »Warum?« eingefallen. Nicht einmal bei einer der trostlosesten Partien, die ich jemals gesehen habe. Es war ein Pokalspiel zwischen Schwarz-Weiß Essen und Westfalia, das vor zweitausend Zuschauern in knöchelhohem Schnee bei Minus soundsoviel Grad einhundertzwanzig Minuten dauerte, ohne daß nur irgend etwas passierte, folglich in Herne wiederholt wurde und zwar an einem normalen

Arbeits-Dienstagnachmittag um drei Uhr, wo es vor nur vierhundert Zuschauern im strömenden Regen erneut ein katastrophales Spiel und eine 0:2-Niederlage gab, aufgrund derer wir das Pokalspiel gegen den 1. FC Köln in der nächsten Runde verpaßten.

Wie erträgt man das? Mit Masochismus hat es jedenfalls nichts zu tun, auch wenn die Vermutung naheliegt. Vielleicht verbirgt sich hinter dieser Bereitschaft, an seiner Passion zu leiden, der wunderbare Glaube daran, daß es einmal besser wird. Mit Hoffnung im Herzen sozusagen, wie es in der Fußball-Hymne »You'll never walk alone« heißt. Daß man dem Sturm standhalten und den Kopf oben behalten soll, wird dort ebenfalls gesungen. Denn schließlich, so wird beschworen, würde man nicht von der Seite weichen. Wahrscheinlich auch aus einem sehr profanen Grund, den das Lied aber verschweigt: Aus Angst, man könnte etwas verpassen.

Auch bei Westfalia ging es zumeist um Hoffnungen, nur verzichteten sie auf die Stürme des Abstiegskampfes. In ihren ersten drei Zweitligajahren steckten sie in der Mitte der Tabelle, im vierten Jahr wurden sie Fünfter, was aber nur selten mehr als dreitausend Besucher interessierte. Unser Mäzen wurde nun etwas ungeduldig, vielleicht hatte er sich mehr Zuspruch und Liebe für sein Geld erwartet. Deshalb forderte er für die folgende Saison den Bundesligaaufstieg ein und kaufte nochmals neue Spieler. Doch diese neue Mannschaft, die uns erstklassig werden lassen sollte, spielte nie in einem Punktspiel. Drei Tage vor Saisonbeginn der Spielzeit 1979/80 wurde Erhard Goldbach verhaftet, und der verbliebene Vorstand zog die Mannschaft aus der Zweiten Liga zurück. Ohne den Mäzen war der Spielbetrieb nicht zu finanzieren, und es erschien den Verbliebenen nicht so, als ob Goldbach bald wiederkommen würde. Damit hatten sie recht, denn er ging in die Geschichte der Bundesrepublik als einer ihrer größten Steuerbetrüger ein.

So reisten die ehemaligen Westfaliaprofis ohne mich zum Saisonauftakt nach Herford, trugen dort aber nur ein Freundschaftsspiel aus und zerstreuten sich dann in alle Winde. Eine Woche später trat die zweite Mannschaft, die aus der Landesliga kam, verstärkt um zwei Restprofis in der Oberliga an. Und wir, wir hatten den letzten Teil der Lektion »Fußball und Geld« nun auch verstanden.

7. Ich möchte Teil einer Jugendbewegung sein

Eigentlich wäre das die passende Gelegenheit gewesen, auszusteigen. Ich hatte Abitur gemacht, war mit großem Aufwand verliebt und hatte zudem seit einiger Zeit ein weiteres Spezialgebiet: Musik. Das eher unspezifische Interesse an Teenage-Rampage-Krachschlägern wie Suzie Quatro und Slade war einer sehr gymnasialen Beschäftigung mit Deutsch- und dann Jazzrock gewichen. Das hatte eine gewisse »Bedeutung« und »Tiefe«, die meiner Pubertäts-Schwermut Ausdruck verlieh. Aber aus dem Ausstieg wurde nichts. In Musik konnte man nicht verlorengehen, ich jedenfalls nicht.
Deshalb bastelte ich das Spiel in mein ideologisches Konstrukt, das zwischen dem 15. und 19. Lebensjahr sowieso etwas verquer war. Meinem Vater zwang ich immer häufiger Diskussionen über den Sinn des Lebens oder die Haltung der CDU für Atomenergie auf, die in lauten Schreiereien endeten. Ich bewegte mich im kulturellen Bermudadreieck aus Deutschrock, Genesis, Hermann Hesse. Und ging eben ein- bis zweimal in der Woche zum Fußball. Dabei war auch egal, daß meine Freunde das nicht verstanden und wie alle aufgeweckten Jugendlichen am Ende der siebziger Jahre Fußball für überflüssige Zeitverschwendung hielten. Davon abgesehen, daß man Mädchen damit auch nicht beeindrucken konnte.

Noch paßten Fußball und Pop, VfL Bochum und Guru Guru nicht zusammen, dazu mußte sich erst die Musik ändern. Als Punk kam, und ich verstand, daß die Sex Pistols oder die Dickies und keinesfalls Jethro Tull oder Yes recht hatten, ging das endlich. Punk wühlte schließlich in den Mülltonnen der Kultur und anderen dunklen Ecken. Und fand man Fußball nach damaligem Verständnis nicht gerade dort? Paßte Fußball nicht zu einer kulturellen Haltung, die das Extreme, Abseitige und Abgründige profilierte?

Punk ging damals auch über die Idee vom lustigen Drei-Akkorde-Geknatter hinaus, bei dem man Bier trinkt und sich daneben benimmt – wodurch eine gewisse Ähnlichkeit zu Auswärtsfahrten im Fanbus besteht. Das Tolle war, daß ständig völlig unverständliche, für mich neue Dinge passierten. Punkbands spielten auf dem Froschklavier und wurden erst viel später Die Toten Hosen. Andere zirpten merkwürdig auf Synthesizern, hatten bemalte Mützen auf und projezierten rätselhafte Dias an die Wand. Bei Performances an versteckten Orten rezitierte eine Künstlerin Gralsgedichte, aß dann ganz schnell mehrere Eier und übergab sich. Und ich entwickelte Vorlieben für eine Band, die über Verbrennungsopfer sang und den Turm des Krematoriums von Auschwitz im Signet ihres Plattenlabels hatte.

In dieser Szene gab es auch Leute wie Bernd. Bernd hatte einen Synthesizer, immer die interessantesten Platten aus den merkwürdigsten Quellen und zudem einen großen Bruder in Berlin, der mitten in der neuen Popwelt lebte. Und Bernd war auch VfL-Fan. So etwas hätte es vorher nicht gegeben. Fußball wurde zwischendurch sogar chic, weshalb manch hilfloser Einsteiger versuchte, nach drei Stadionbesuchen mit seinem neuerworbenen Wissen zu prahlen.

Ohne die Gemeinsamkeiten zwischen Fußball und Pop zu übertreiben, gibt es eine grundsätzliche kulturelle Fan-Freundschaft. In beidem gibt es ein »Wir gegen Die« (das ähnlich, aber nicht gleich ist), viele, unberechenbare, merkwürdige Gefühle (Spaß, Haß, Wut und alberner Übermut), vermeintliche Primitivität, was in beiden Fällen sowohl dumpf und einfallslos als auch tribalistisch meint, sowie Rausch und Ekstase.

Die Ähnlichkeiten zwischen Fußball und Pop haben allerdings nichts damit zu tun, daß Fußball ebenfalls eine Form künstlerischen Ausdrucks wäre. Ich mag die Analogie zwischen Fußball und Kunst nicht, so reizvoll sie ist. In den meisten Fällen führt sie nur zu einem unverdaulichen Mix aus Walter Jens und Borussia Mönchengladbach in der Netzer-Ära und zu dem Versuch, »schönen Fußball« einzuklagen, wo doch in erster Linie gewonnen werden muß. »Diese Art von Begeisterung kennt das Schicksalhafte nicht und gleicht der von Kindern, die im Laufe eines Spiels die Vorgaben vom Anfang vergessen«, schreibt Diedrich Diederichsen über das Konzept des Fußball-Ästhetizismus. So sei nur einem die ehrenhafte Erwähnung in diesem Zusammenhang erlaubt: Eric Cantona. Nicht weil der Franzose wunderbare Tore schießt und in seiner Freizeit malt. Es geht eher um die Verbindung aus Jähzorn, Neigung zum Platzverweis und der Begeisterung für den Dichter Arthur Rimbaud. Dessen »Ich ist ein anderer« folgend, sprang Cantona vor kurzem über den Zaun, und landete mit seinen Füßen im Gesicht eines Nazis. Art brut!

Zu Kollisionen zwischen Pop und Fußball kam es bei mir selten, nur einmal mußte ich mich entscheiden. Für Fad Gadget oder Bochum gegen 1860 München. Ich ging zum Konzert, und es war schrecklich. Als Fad Gadget am 27. Januar 1981 denkwürdig, wie alle sagten, über die Bühne des Ratinger Hof in Düsseldorf tobte, war mir das völlig egal. Ich wollte nur wissen, wie das Spiel ausgegangen war. An der Decke, hoch über den Köpfen der Besucher, hing ein Fernseher, der, immer stumm, immer lief. Aber das machte es nicht leichter. Wann wird die Zusammenfassung gezeigt? Ist das richtige Programm eingestellt? Würde irgendwer doch noch das Gerät ausschalten oder die Röhre implodieren? Immerhin war es knallvoll, auf den Wänden ein leichter Schweißfilm, das könnte dem Fernseher noch den Garaus machen. Als es klappte und ich die Tore aus dem Ruhrstadion sah, war ich nicht mehr zu erlösen. Der VfL hatte mit 4:1 gewonnen (was ein Fünftel aller Heimsiege jenes Jahres bedeutete). Und wo war ich? Der Abend war gelaufen!

8. Kalte Gewalt

Danach gab es kaum noch Irritationen, die Wahl zwischen einem Fußballspiel und irgend etwas anderem war eigentlich keine mehr. Deshalb fuhr ich an jenem Novembersamstag 1982 auch nach Köln, obwohl ich erst keine Lust hatte. Aber ich mißverstand meine Entscheidung als eine Art von Eingebung, verdrängte die Gedanken an all die deprimierenden Auftritte des VfL beim 1. FC Köln, wo es weder in der wackeligen Radrennbahn noch der zugigen Leere des Müngersdorfer Stadions jemals einen Sieg gegeben hatte, und sprang kurzentschlossen ins Auto. Wieder verliefen sich weniger als zehntausend Zuschauer auf den Rängen. Im Block für die Fans aus Bochum froren eine Viertelstunde vor dem Anpfiff erst einige Dutzend mitgereister Anhänger. Als ich mich umschaute, hatte ich das beunruhigende Gefühl, daß einige Gesichter nicht dazugehörten. Jungs in Bomberjacken mit Schals englischer Vereine um den Hals.

Aber in Köln war ich sowieso immer ängstlicher als anderswo. Die FC-Fans hatten den Ruf, besonders gewalttätig zu sein. Außerdem standen sie oft am Zugang zum Gästeblock, wo es dann mitunter zu kurzen Scharmützeln kam. Also entschloß ich mich, den Block wieder zu verlassen. Ich kletterte über den Zaun und wechselte in die neutrale Zone der Stehplätze Mitte hinüber. Während ich noch versuchte, mir an den Spitzen des Zauns nicht die Hose zu zerreißen, kam eine Busladung Bochumer Fans im Block an und machte sich durch erste Gesänge bemerkbar. Das war das Startzeichen. Plötzlich stürzten sich die Jungs mit den englischen Schals auf ihre Gegenüber in Blau-Weiß und begannen eine kurze, heftige Prügelei, stürmten dann aus dem Block und feierten draußen lauthals ihren Sieg. Obwohl ich dieser Schlägerei gerade noch entgangen war, stand ich zitternd vor Aufregung auf meinem Platz.

Das war neu. Doch es passierte nicht nur in Köln, sondern auch anderswo. Anfang der achtziger Jahre wurde die Gewalt im Stadion »kalt«. Man konnte sich nun entscheiden, welche Gefühle man dort wollte. Waren allein die Ausbrüche im Zusammenhang mit dem Spiel ausreichend, oder brauchte man stärkere Emotionen? War der Kitzel der Gewalt nötig, der das Spiel selber nur noch als Rahmen nutzte? Die Jungs in den Bomberjacken hatten sich für die Gewalt entschieden. Sie hatten andere Schals angelegt, um der Polizeiüberwachung zu entgehen. Bald würden sie auch diese Schals verschwinden lassen, und es würde spezialisierte Polizisten geben, um sie überhaupt noch in der Masse auszumachen.

Schritt für Schritt setzten sie sich von den alten Fans ab. Mit den speckigen Typen der letzten Generation Fußballfans wollten sie nichts mehr zu tun haben. Deren sentimentale Loyalität gegenüber den Vereinen fanden sie lächerlich. Deren Treffen mit viel Bier und noch mehr Bier langweilig. Mit diesen Proleten wollten sie nicht verwechselt werden. Sie nannten sie »Asi«. Und von Asozialen wollten sie sich abgrenzen. Denn sie selber hatten Klasse, wie sie mit Lacoste-Pullovern, teuren Sneakers und Chevignon-Jacken zu beweisen suchten. Die wütenden Hauereien der Vergangenheit waren nicht ihr Stil. Ihre Gewalt war – zumindest in ihren

Phantasien – strategisch organisiert, zynisch und kühl. Deshalb gefiel ihnen »Clockwork Orange«, wo Alex und die anderen Droogs ihre Opfer toll schockten. Und sie mochten die Idee, nach einer Boxerei eine Visitenkarte auf das Opfer zu schnippen.

Das Jahrzehnt der Hooligans war angebrochen. Als sie sich optisch, ideologisch und teilweise sogar räumlich vom alten Publikum abgesetzt hatten, wurden sie zu Stars im Stadion. Und zu Stars in den Medien. Die Öffentlichkeit starrte fasziniert und angewidert zugleich auf ihre Gewalt. Es gab zahllose Zeitungsartikel, Fernsehberichte und Bücher über Hooligans. Sie nahmen dabei eine ähnliche Rolle ein, wie in den fünfziger Jahren die Halbstarken, später Rocker oder Punks. Sie lösten eine sich zyklisch wiederholende moralische Panik aus, illustrierten allgemeine Theorien vom Zerfall der Gesell-

Kalte Gewalt. Deutsche Hooligans beim Länderspiel in Luxemburg 1990

schaft und hielten als Protagonisten einer weiteren Generation ohne Zukunft her.

In diesem Zusammenhang verwundert es nicht, daß Hooligans als erste im Stadion ein Bewußtsein für die eigene Inszenierung und eine unübersehbare Medienfixiertheit entwickelten. Neben dem eigenen Kleidungsstil offenbarten sie einen Sinn für »lustige« Auftritte, deren harmlosere Varianten Polonaisen oder Formationshüpfen im Stadion waren. Und weil auch ihre Gewaltaktionen Formen öffentlicher Auftritte waren, sammelten viele von ihnen Zeitungsschnipsel oder Videomitschnitte, in denen über Ausschreitungen (am besten die eigenen) berichtet wurde. Zwischen der Medienrealität und der Realität auf den Rängen ergab sich so ein Wechselspiel. Oder wie ein Bochumer Hooligan es 1991 zusammenfaßte: »Früher waren die Fans als asozial verschrien. Seit überall geschrieben wird, Hooligans, das sind Typen, die Arbeit haben, toffte Freundin und Klamotten vom Feinsten, will das jeder sein.«

Aus der Hooligan-Szene stammten auch die ersten deutschen Fußball-Fanzines, in denen sie über sich und ihre Abenteuer berichteten. Es schien zu gelten: Ich bin in den Medien – und seien sie auch selbstgemacht – also bin ich! Das war auch der Weg, auf dem analog zum Popgeschäft erstmals eine Fußball-Subkultur kommerziell ausgebeutet wurde. Mit der Gründung der Zeitschrift »Fan-Treff« wurde Fußballgewalt zur Geschäftsidee. Eigentlich war das Blatt 1986, im Jahr nach der Katastrophe im Heysel-Stadion, gegründet worden, um die Freundschaft zwischen Fans zu propagieren. Doch die vitalere Subkultur der Fußballschläger füllte bald mit Erlebnisberichten die Seiten und lockte andere Mitmacher oder Möchtegernteilnehmer als Leser an. Also stellte der Herausgeber um, hievte das Blatt damit auf fast fünfstellige Auflagenzahlen und erweiterte darüber hinaus kontinuierlich sein Merchandising für die Szene.

Der Erfolg im Stadion und die öffentliche Resonanz auf die Gewalt der Hooligans übte einige Zeit einen ungeheuren Reiz auch auf die aus, die nicht mitmachten. Bei der »kalten« Gewalt der Hooligans ging es neben Abenteuer, Kampf, Aufregung, Kicks, Thrills um mehr. Der amerikanische Autor Bill Buford, der Ende der achtziger Jahre englische Hooligans begleitete, hat es vielleicht am besten beschrieben: »Mich reizen die Momente, so kurz sie sind, und besonders, wenn sie kurz sind: wenn das Netz reißt, das Gewebe sich auflöst, das Haus brennt – die Metaphern sind beliebig. Immer geht es um diese Linie, diese Grenze: ich bin gebannt, beglückt von dem, was ich auf der anderen Seite finde. (…) Was sind das für Erlebnisse? Es sind so wenige; sie sind so unerträglich. Die religiöse Ekstase. Der (unerbittliche, grausame) sexuelle Exzeß. Der (zugefügte oder erlittene) Schmerz. Schmerz als absolute Form des Fühlens. Brandstiftung. Bestimmte Drogen. Gewaltverbrechen. Sich in einer Masse befinden. Und – noch stärker – sich in einer Masse befinden, die eine Gewalttat begeht. Was wir dort finden, ist das Nichts. Das Nichts in seiner Schönheit, seiner Schlichtheit, in seiner leeren Reinheit.«

Das klingt hymnisch und ist auch so gemeint. Doch Buford hat die Masse im Stadion verstanden. Die Masse ist nicht heiter. Selbst wenn sie ein Fest feiert, das Spiel zur Party werden läßt, gibt es immer die Möglichkeit, daß ihre dunkle Seite erwacht. Jeder, der im Stadion schon aufgeschrien hat nach einem falschen Pfiff des Schiedsrichters, tobte wegen eines Gegentors oder eines Fehlpasses der eigenen Mannschaft, weiß das. Im Stadion steigen viele Übelgerüche aus den Seelen auf. In vielen lauert ein Hooligan, der darauf wartet, freigelassen zu werden. Am Ende seines Buchs »Unter Hooligans« ist Buford der Gewalt müde und verschweigt nicht, wie sehr die Hooligans ihn anwidern. Er hat die schwarze Messe der Fußballgewalt erlebt und durchschritten.

9. ...und ihr nicht!

So einfach erledigte sich das in den Stadien nicht. Immer wieder gab es neue 16jährige, die ebenfalls das Adrenalin durch den Körper schießen lassen und den Rausch der gewalttätigen Masse spüren wollten. Außerdem trafen die Hooligans auch in anderer Hinsicht den Nerv. In ihrer kühlen Verachtung gegenüber den Spielern und den Machern des Spiels lieferten sie einen Kommentar zu dessen Zustand. Zwar prügelten sie sich noch unter dem Logo ihres Vereins, aber das verkörperte für viele nur noch ein leeres Ideal. Und diese Ambivalenz wirkte moderner, angemessener und attraktiver als die Anhänglichkeit der alten Fans in den Kurven.

So wie ich meine Lektionen gelernt hatte, als Westfalia Herne in der Drittklassigkeit verschwand und der VfL einen Spieler nach dem nächsten verkaufen mußte, um die Gehälter der anderen zahlen zu können, ging es vielen anderen Fans. Heute noch einen Spieler bejubelt, ihn morgen schon beim Erzrivalen sehen, das war keine Seltenheit. Die Transfersummen wurden nicht mehr in Hunderttausendern gezählt, sondern in Millionen. Auf den Trikots waren die Werbeschriftzüge größer als der Vereinsname, und Präsident wurde, wer mit dem dicksten Scheck zu winken verstand. Und manchmal flog der ganze Schwindel auf.

Die Sonne lag an jenem Spätnachmittag im April 1988 über dem Waldstadion in Homburg. Das Fernsehen zeigte Fußballspieler, die ängstlich in ihren Bus huschten, während wütende Menschen in blau-weißen Trikots und Schals an den Zäunen rüttelten, die sie von den Kickern trennten. Die Helden waren keine mehr. Lautstark entzogen die Fans ihnen die Liebe und riefen Verrat. Ihr Zorn war heilig und gerecht. Nach vielen hundert Kilometern auf der Straße und schrecklichen neunzig Minuten war ihre Hoffnung wieder enttäuscht worden. Noch eine Niederlage. Diesmal mit 1:3 beim

FC Homburg, einem Mitkonkurrenten im Abstiegskampf. Sechs Spieltage vor Schluß gab es nun fast keine Hoffnung mehr auf Rettung. Doch es war nicht allein das sportliche Scheitern. Schlagartig war die Illusion zerstört, die Lüge offensichtlich. So offensichtlich, daß Fans zum ersten Mal die Wahrheit des Profifußballs in einer griffigen Parole zu formulieren wußten: »Wir sind Schalker und ihr nicht!«

Die verdrängten Fragen stellten sich mit einem Mal in aller Klarheit. Wer seid ihr Profis wirklich? Mit welchem Recht tragt ihr das Trikot des Clubs, von dem wir träumen? Der Chor der Empörten gab Antwort auf diese Fragen in jenem Satz, der Karriere machte in den Fankurven: Heute seid ihr vielleicht noch in Schalke und morgen schon anderswo. Ihr könnt gehen, aber wir bleiben. Wir wechseln den Verein nicht. Wir können bestenfalls zu Hause bleiben. Natürlich hatten die Empörten eigentlich alles schon vorher gewußt, die ganze Zeit über. Sie wußten um das Geld und daß es den Spielern darum ging. Immer waren sie im vollen Bewußtsein dieser Tatsache gekommen, um sich trotzdem täuschen zu lassen. Aber sie wollten spüren, das es noch etwas jenseits davon gab. An jedem Wochenende gaben sie den Spielern die Chance, eine Illusion aufrechtzuerhalten. Die Illusion hieß »Schalke«, wie sie anderorts »HSV« oder »Borussia« hieß. Wo immer Fans in Stadien zusammenkamen, waren sie sogar bereit, Fehler, Pannen und Niederlagen zu ertragen. Doch an diesem Samstag in Homburg übertraten die Spieler des FC Schalke 04 die unsichtbare Grenze ins Land der Verdammnis. Sie hatten nicht nur im entscheidenden Moment verloren und schlecht gespielt. Vor allem hatten sie sich nicht mehr gewehrt. Ihre Aufgabe war für alle sichtbar gewesen. Und damit war von Seiten der Spieler ein Vertrag aufgekündigt, der ihnen nie vorgelegt worden war, den sie nie unterschrieben hatten. Ein Vertrag, dessen Existenz ihnen erst in jenen Minuten klar wurde, als das Spießrutenlaufen begann.

Im kollektiven Gedächtnis der Fans ist dieser Sprechchor nicht verlorengegangen. Immer wieder, wenn Mannschaften für jeden sichtbar auseinanderfallen, kann man ihn hören. Mal in Düsseldorf oder Bochum, in Berlin oder Nürnberg. In solchen Momenten geben die Fankurven bekannt, daß sie Bescheid wissen. Dann wollen sie nicht mehr darüber hinwegsehen, daß nur für sie ihr Verein mehr ist als ein Name, das Stadion mehr als ein Ort, um sich am Wochenende zu vergnügen.

Und nach Homburg begannen sie, sich auch anderswo zu melden, ließen ihre Blöcke leer und hingen dort Transparente auf. »Keine Leistung, keine Fans!« Und das meinte mehr als ein Einfordern der Werte der Leistungsgesellschaft. Eigentlich stand der Wunsch dahinter, sagen zu können: »Wir sind Schalker und Ihr auch!«

10. Trotzdem

Aber blieb ich nun etwa zu Hause, weil ich all das nicht mehr ertragen konnte? Den Ausverkauf des Spiels und seine Kommerzialisierung. Weil ich den Sterbenden im Heysel-Stadion via Fernsehen in die Augen geschaut hatte? Weil mit den Hooligans neue Zäune, bessere Videoüberwachung und massivere Polizeikontrollen kamen? Boykottierte ich Fernsehübertragungen, weil zuviel Fußball am Bildschirm dem Erlebnis im Stadion schadet? Konnte ich die Entfremdung zwischen denen auf den Rängen und denen auf dem Rasen nicht mehr hinnehmen? Wandte ich mich deshalb dem wahren, echten Fußball des Kreisligisten drei Straßen weiter zu, wo der Sohn meiner Nachbarn spielte? War ich endlich alles leid und vergaß Fußball einfach?

Nein, ganz im Gegenteil. Ich ging noch häufiger ins Stadion und besuchte sogar Spiele, in denen meine Lieblinge nicht auf

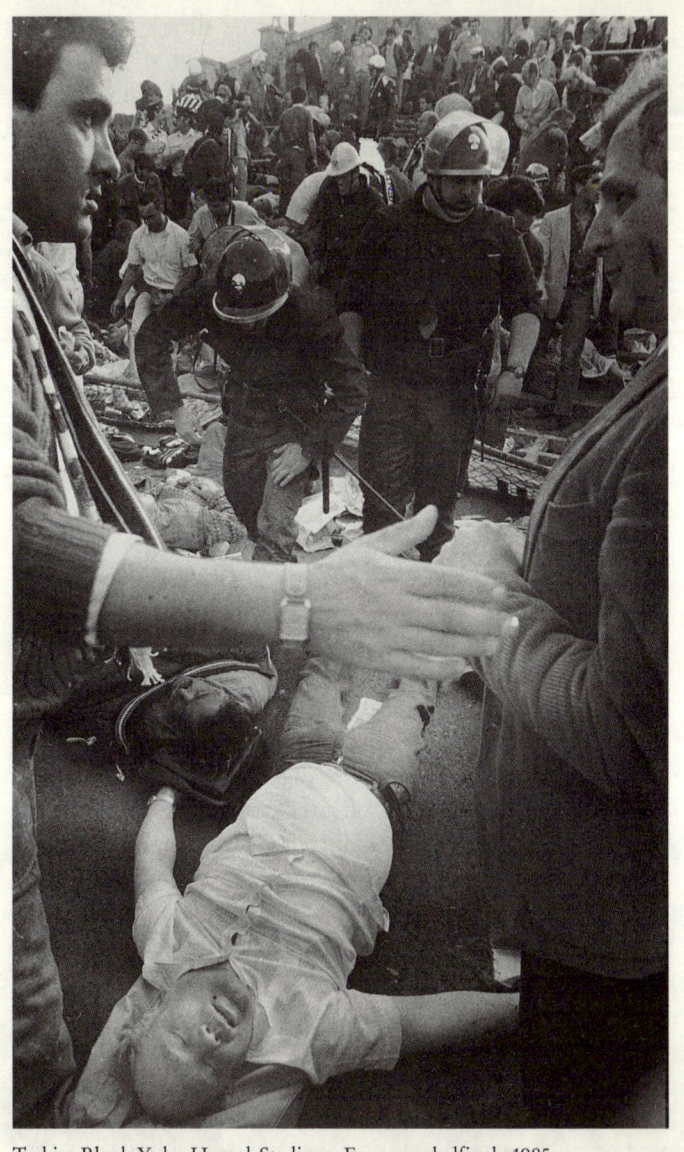

Tod im Block Y des Heysel-Stadions. Europapokalfinale 1985

dem Platz standen. Denn ich hatte mich längst in allen Widersprüchlichkeiten verfangen. Neben der Analyse und der Kritik am Geschäft standen immer noch die Begeisterung für das Spiel und die unkontrollierbare Aufregung während der neunzig Minuten. Wie bei den Zwei- oder Zwanzigtausend um mich herum. Und den Hunderttausenden anderswo. Mitte der achtziger Jahre hatte ich sogar begonnen, über Fußball zu schreiben, ungeplant und wohl doch unausweichlich. Über Musik, wie ich es vorher getan hatte, wollte ich mich nicht mehr äußern. Die naive Begeisterung dafür war geschwunden. Beim Fußball, wenn auch nicht mehr unschuldig, gab es sie noch.

Aber zum heiligen Ernst brauchte ich Unernst. Vielleicht, um die unauflösbaren Widersprüche meiner Haltung zum Fußball besser hinnehmen zu können. Etlichen anderen Fans ging es ähnlich. Und sei es nur, weil sie sonst hätten zu Hause bleiben müssen. Ironie ist eine schöne Kulturleistung, die sicherlich nicht beim Fußball erfunden worden ist. Aber langsam wurde das Stadion ein Ort, wo neben dem Pathos gelegentlich Witz aufschien. Nicht immer und bei allen. Aber in einigen schönen Momenten. Wie an jenem Abend in Uerdingen, als der VfL, wie immer in Uerdingen, wie immer nach Kopfballtoren, die wie immer nach Freistößen fielen, nach einer Viertelstunde bereits mit 0:2 hintenlag, und der Typ neben mir diese feinziselierte Gemme absurden Humors vor sich hinsprach: »Gut, daß ich zu Hause geblieben bin.«

Wenn man auch mit Selbstironie nicht mehr weiterkommt, muß halt alles auf den Kopf gestellt werden. Warum nicht einfach in die Offensive gehen und sich über die wundern, die Urlaube und Besuche nicht anhand des Bundesligaterminplans festlegen? Warum nicht mit größtem Vergnügen überflüssige Fußballinformationen speichern, von denen die Heimatstädte von Bundesligaschiedsrichtern nur ein Teil sind (erinnert sich noch jemand an Herrn Niebagall aus

Rammelsbach)? Wer will schon erwachsen werden? Wenn man doch für immer zehn Jahre alt sein, mit Fußballbildern und selbstgemachten Statistiken im Kinderzimmer sitzen kann und samstags im Stadion.

11. Die Fankurve im Zeitalter ihrer technischen Reproduzierbarkeit

1988 war das Jahr, in dem es in den Stadien lustiger zu werden begann. Noch lange waren die letzten Schlachten der Hooligans nicht geschlagen, aber einige Fans von Borussia Dortmund begannen mit aufgeblasenen Plastikbananen zu winken. Das war albern und angenehm unerklärlich – davon abgesehen, daß die Bananen schwarz-gelb waren. Die Südtribüne im Westfalenstadion, noch einige Jahre zuvor der Ort, an dem man mit der »Borussenfront« eine neue SA gesichtet hatte, wurde zum Vorzeigemodell der fernsehfreundlichen Fankurve. Die Sprechchöre bekamen eine leichtere Note, und weil so oft bejubelt wurde, wie toll und stimmungsvoll das sei, wurde es auch wirklich so. Also wollten die auf den Sitztribünen ihre Plätze nun auch möglichst in der Nähe der Fankurve haben, um das besser miterleben zu können. Neben der Mannschaft und ihrem sportlichen Erfolg wurde so das Verhalten der Zuschauer zu einem Argument für den Stadionbesuch und nicht – wie noch kurz zuvor – dagegen. Stimmung im Stadion wurde zum Standortfaktor. Ebenfalls 1988 war der FC St. Pauli in die Bundesliga aufgestiegen. Fast mußte man glauben, daß dieser Klub in einem Soziologie-Seminar ausgedacht worden war. Plötzlich präsentierte sich in der Bundesliga ein Verein des Stadtteils (gegen die lokale Entwurzelung, die andernorts stattgefunden hatte), auf den Rängen standen noch echte Proleten und eine unübersehbare Gruppe von Fans, die sich eindeutig links definierten (gegen die Grundannahme, daß in jedem Fan ein Faschist steckt). Das war unzeitgemäß und völlig neu. Die Wirkung ist kaum zu überschätzen.

Auch bei den Fans am Millerntor gab es einen ausgeprägten Sinn für die Selbstinszenierung, was bei der Nähe vieler von ihnen zu diversen Polit- und Pop-Subkulturen auch nicht wundert. Nur waren die Formen und Inhalte der »Paadies« auf der Gegengerade im Fußball neu. Mit dem Auftauchen des FC St. Pauli und seiner Fans wurde klar, daß Fußball auch politisch links codiert werden konnte. Und das vermittelte sich nicht nur auf der Ebene von »St. Pauli-Fans gegen Rechts« oder »Nie wieder Faschismus, nie wieder Zweite Liga« sowie dem Schwenken von Totenkopf-, Irland- oder Basken-Fahnen. Der entscheidende Schritt, der hier folgte, war die Einforderung von Teilhabe am Spiel.

Kurzlebige Mode. Flitzer in der Uerdinger Grotenburg-Kampfbahn 1978

Als Mitte 1989 in Hamburg bekannt wurde, daß der Verein mit einem Umbau des Stadions in einen multifunktionalen »Sportdome« liebäugelte, organisierten Fans erfolgreich den Protest dagegen. Sie befürchteten, daß ein solches Stadion, das zugleich auch Tagungs- und Veranstaltungsstätte sein sollte, nicht nur zu einer nachhaltigen Veränderung des Stadionerlebnisses, sondern auch der Strukturen des Stadtteils beitragen würde. Danach rangen sie, einmal organisiert und mit dem Fanzine »Millerntor Roar« auch im Besitz eines eigenen Mediums, dem Verein weitere Zugeständnisse ab. Unter der Führung der Fans profilierte sich der Klub dabei als einer der Vorreiter gegen Rassismus im Stadion.

Obwohl der FC St. Pauli nicht zum ersten Verein in der Hand seiner Anhängerschaft wurde (dazu gab es zu viel offene Rechnungen, die immer wieder Präsident Weisener bezahlte), wurde er doch der erste Verein, in dem kaum noch etwas gegen die Interessen der Zuschauer möglich war. Außerdem war das Profil des Klubs deutlicher von seinen Zuschauern bestimmt als von Spielern oder dem Präsidium. Das machte auch andernorts Mut. Die Entwicklung, die unter dem Druck des Geschäfts zu einer fast vollständigen Entfremdung zwischen den Vereinen und ihren Anhängern geführt hatte, war vielleicht doch zu korrigieren.

Die Aufmerksamkeit für Dortmunder Bananen und Paulianische Totenkopf-Fahnen hatte auch damit zu tun, daß zur gleichen Zeit die erste große Offensive der privaten Medienunternehmen auf dem Fernsehmarkt begann. Über Sport und besonders über Fußball wollten sie Profil gewinnen und Marktanteile erkämpfen. 1988 hatte mit der UFA erstmals eine private Verwertungsgesellschaft die Bundesligarechte erworben, und RTL trat mit der Sendung »Anpfiff« gegen die »Sportschau« der ARD an. Für die Bundesliga bedeutete das nicht nur eine wesentliche Verbesserung ihrer Einnahmen, sondern auch eine starke Ausweitung der Berichterstattung. Ab jetzt war jeder Aspekt des Spiels wichtig, sogar die neuesten Späße auf den Rängen.

Fußball wurde das »Showbusiness«, von dem Dr. Krohn schon ein Jahrzehnt zuvor geredet hatte. Weil die Sender ihre Einnahmen durch Werbung wieder hereinholen mußten, wurden nach und nach alle Aspekte des Spiels ausgeblendet, die den Eindruck einer prima aufregenden Welt störten. Allerdings hatte RTL damals noch nicht die Definitionsmacht, das Bild der Bundesliga gänzlich zu bestimmen. Viele Zuschauer blieben noch bei der gleichzeitig ausgestrahlten »Sportschau«. Das änderte sich erst 1992 als die Mediengiganten Kirch und Springer die Internationale Sportrechte-Verwertungsgesellschaft (ISPR) gründeten, diese für 700 Millionen Mark die Fußballrechte bis 1997 exklusiv erwarb, und SAT1 die Sendung »ran« startete.

Das Konzept von »ran« beruhte erklärtermaßen von Anfang an darauf, ein jüngeres Publikum und vermehrt Frauen anzusprechen. Diesen Anspruch versuchte man durch größeren technischen Aufwand und damit aufregenderen Bildern sowie eine leichtere, boulevardeske Berichterstattung einzulösen. Die muffige Spießigkeit der Berichterstattung in der »Sportschau« ersetzte »ran« durch aufgesetzte Lässigkeit. Fernsehen, das war die wesentliche Veränderung, berichtete nicht mehr über Fußball, Fernsehen inszenierte Fußball. Und die Fans wurden selbstverständlicher Teil dieser Inszenierung. Leere Stadien und triste Stimmung sorgen schließlich auch beim Einschaltquotenbringer daheim nicht für gesteigerte Bereitschaft, am Ball zu bleiben. Die Welle in Kaiserslautern, die hochgereckten Schals in Dortmund, die Gesänge in Nürnberg oder Mönchengladbach verschaffen ein notwendiges Ambiente für erfolgreiche Fußballübertragungen. Singt der Fan, freut sich der Redakteur. Reinhold Beckmann hatte das schon vor seiner Zeit bei »ran« erkannt. Als Sportchef bei »Premiere«, die ab 1991 an jedem Samstag ein Bundesligaspiel live übertragen durften, bot er den Zuschauern fürs folgende Wochenende gelegentlich mehrere Spiele an. Welches davon übertragen wurde, konnten sie telefonisch bestimmen. Und zumeist wählten die zahlenden Fernsehkunden das Spiel, bei dem sie die beste Atmosphäre erwarteten und nicht unbedingt das sportlich höchstrangige. Daß die Zuschauer so zu einem Faktor für die Attraktivität der Vereine wurden, nicht zuletzt beim Aushandeln neuer Sponsorenverträge, hatte Folgen. 1991 resümierte der »Kicker« in seinem Sonderheft zur neuen Saison die Entwicklung so: »War vor einem Jahrzehnt den Vereinen und auch den Breitners und Co. der Fan völlig egal, so hat sich jetzt ein Sinneswandel vollzogen.« Es folgte eine Liste der »Fanaktivitäten« der Klubs, die übers Zurverfügungstellen von Freikarten für Auswärtsspiele, Betreuung von Fanturnieren, Tagen der offenen Tür bis zur Verpflichtung der Spieler gehen, Fanklubs zu besuchen. Zweifelsohne hatte das meiste davon Alibicharakter oder diente wiederum direkt wirtschaftlichen Interessen, aber die Perspektive begann sich zu ändern.

12. Ohne uns seid ihr nichts!

In den letzten Jahren hat Fußball einen geschäftlichen Aufschwung erlebt, mit dem (außer Uli Hoeneß) kaum jemand zu rechnen wagte. Obwohl sich die Qualität der Bundesligaspiele kaum verbessert hat, werden immer neue Besucherrekorde in den Stadien aufgestellt. Die Zahl der Dauerkartenbesitzer steuert auf italienische Verhältnisse zu. Fan-Artikel sind der große Wachstumsmarkt der Branche, inzwischen sind Schals, Trikots und Tassen mit dem Vereinsemblem sogar schon im Sortiment der Warenhäuser zu finden. Die Zahl der organisierten Fans wächst ständig. Es gibt Hunderte von Fanklubs von Vereinen der Bundesliga, Zweiten Liga und sogar Amateurligen – mit steigender Tendenz. Nie zuvor sind Anhänger in solch großer Zahl und solcher Häufigkeit ihren Vereinen zu Auswärtsspielen gefolgt wie heute. Alle Imageprobleme scheinen wie weggeblasen.

Sicherlich hat die Art und Weise der Berichterstattung von SAT1 und deren Definitionsmacht wesentlich zu dieser Entwicklung beigetragen. Dazu gehört nicht nur, daß dort dem Publikum manches Spiel besser verkauft wird als es wirklich ist. Den Gesetzen der Showbranche folgend, machen sie Stars und halten das Publikum mit deren Problemen und Glücksgefühlen, Kontroversen und Seligkeiten in Atem. »Sport-Bild«, im Februar 1988 gegründet und inzwischen die auflagenstärkste Sportzeitschrift Europas, flankiert diese Inszenierung. Und viele Zeitungen haben sich von diesem Stil inspirieren lassen. Probleme werden daneben einfach ausgeblendet.

Denn natürlich gibt es etwa noch Hooligans und Schlägereien auf Busparkplätzen und vor Bahnhöfen. Aber deren Attraktivität sinkt nicht nur, weil Sozialarbeiter erfolgreich waren (was stimmt) und die Polizeitaktik perfektioniert worden ist (was auch stimmt). Besonders die fast lückenlose Überwachung durch die Polizei hat zu einer kontinuierlichen Verdrängung der Gewalttäter geführt. Zunächst aus dem Stadion hinaus in die Innenstädte – inzwischen trifft man sich für Boxereien sogar schon jenseits der Spieltage an irgendwelchen abgelegenen Orten – bis zu Spielen im Ausland. Allein bei Länderspielen oder europäischen Vereinspartien kann man die Polizei noch wirklich überraschen und für Aufsehen sorgen. Innerhalb der Bundesligen ist das Spektakel aber auch deshalb kaum noch eins, weil fast nicht mehr darüber berichtet wird. Bei »ran« gibt es nur »tolle Stimmung«, sonst nichts. Und selbst die Boulevardzeitungen verzichten auf manche dramatische Schlagzeile.

Im Moment scheint das Interesse an einem anderen Bild vom Fußball und seinen Fans größer zu sein. Das Stadion ist »Erlebniswelt«, in der die Fankurven, über Stadionlautsprecher angeheizt von Animateuren, die Emotionsfolklore herstellen. Überall sind sie die »besten Fans«, die »treusten Fans«, und schon rauscht die nächste Welle über die Ränge. Das appelliert zwar an eine »Leidenschaft light«, doch im Fußball-Themenpark Bundesligastadion nimmt eine steigende Zahl von Fans die ihnen zugewiesene Rolle einfach ernst. Wo kaum noch ein Trainer, Spieler oder Präsident ohne den verbalen Kniefall vor der Fankurve auskommt, stellen sich viele Anhänger die Frage: Und was tun die für uns?

Vielerorts haben sich in den letzten Jahren Fußballanhänger organisiert, um gegen Entwicklungen zu protestieren, die ihnen falsch und schädlich erschienen oder sie einfach störten. Themen boten und bieten sich eine ganze Reihe an. Teilweise rief das Fernsehen, das die Fans so gerne hofierte, selber Protest hervor. Die Fülle der Übertragungen und die daraus folgende Verlegung von Spielen auf obskure Zeiten (Europapokal wochentags um Fünf, Zweite Liga am Montagabend) machten es vielen Fans unmöglich, zu diesen Spielen ins Stadion zu kommen. Kein Wunder, daß das Deutsche Sportfernsehen Spiele übertrug, in denen Transparente an den Zäunen gegen die Übertragung gleich mitgesendet wurden (und im Frühjahr 1995 St. Pauli-Fans sogar die Absage von Montagsspielen erzwangen).

Außerdem sorgen bereits seit Jahren die Pläne von FIFA und UEFA für dauernden Widerstand, die den weitergehenden Umbau der Stadien in Sitzplatzarenen fordern. Schon im April 1991 organisierten Fans unter der Parole »Sitzen ist für'n Arsch!« den Protest. Doch seitdem ist unter dem Druck der internationalen Fußballverbände der Abbau von Stehplätzen fortgeschritten. Diese Politik bedeutet eine Revolutionierung des Spiels von oben. Sitzplätze haben zwangsläufig steigende Preise zur Folge, und damit wären etliche Zuschauer vom Stadionbesuch schlichtweg ausgeschlossen. Taylors These von der Verdrängung des traditionellen Publikums durch eine wohlhabende Mittelschicht würde endlich doch Wirklichkeit.

Es ist vor allem diese schleichende Enteignung des Publikums und die stille Aufkündigung des Konsens, daß Fußball für alle da ist, die Protest hervorrief. Die Parole dazu lieh man sich aus England aus, wo alle Fragen des Fußballzuschauens mit fünf Jahren Vorsprung diskutiert werden: Reclaim the Game – Holt Euch das Spiel zurück! Daß sich dies nicht allein auf den Ausverkauf ans Fernsehen, an Sponsoren oder VIPs bezog, sondern auch auf Fans in den eigenen Reihen, zeigen die antirassistischen Fan-Initiativen. Diese gründeten sich nach den Nazi-Überfällen von Hoyerswerda, Rostock, Mölln, Solingen und anderswo ab 1992 in mehreren Städten, um rechten Fußballfans nicht das Feld zu überlassen.

Gleichzeitig starteten eine Reihe von Fanzines, die sich dieses Themas und anderer fußballpolitischer Themen annehmen. Ob »Übersteiger«, »Schalke Unser«, »Unhaltbar« oder »Löwenzahn«, sie alle beschränken sich nicht nur auf politische Aufklärung, sind Gegenöffentlichkeit und fordern bei den Machern des Spiels Rechte ein, sie bieten auch einen ironischen Umgang mit den eigenen Obsessionen an. Der Unmut der Fans ist nicht mehr sprachlos, ihre Haltung zugleich passioniert und selbstironisch. Außerdem sind sie Kinder des Medienzeitalters, was sich nicht nur im Machen der Fanzines äußert.

Die Demonstration vor den Türen des DFB in Frankfurt, zu der im November 1994 dreihundert Fanvertreter aus der Bundesrepublik kamen, um erneut gegen den weiteren Abbau von Stehplätzen zu opponieren, war eine erfolgreiche PR-Aktion, die auch von einer professionellen Agentur nicht besser hätte inszeniert werden können. Dafür wurden auch traditionelle Animositäten vergessen. Fans von Schalke und Dortmund reisten zusammen mit dem Bus an und kickten vor den Stufen des DFB gemeinsam, und die Kamerateams rannten sich vor Begeisterung gegenseitig über den Haufen.

Vielleicht gibt es all diese Aktivitäten aber auch gerade jetzt, weil die meisten Vereine die Orientierung verloren haben, wozu sie eigentlich da sind. Denn trotz der Millionenumsätze, die bei einigen Klubs ganz bald dreistellig sein werden, trotz des Rausches der Zahlen, sind auch Fußballklubs mit einer Profimannschaft immer doch Vereine – per Satzung dem Gemeinwohl und nicht der Gewinnmaximierung verpflichtet. Auch wenn viele Vereinsmanager dies völlig vergessen haben. Zudem ist der Boom eher eine überhitzte Konjunktur und das Geschäft immer noch nicht gesund. Wirklich Geld verdient wird bei nur wenigen Klubs, die Mehrzahl müht sich genauso wie vor fünf oder fünfzehn Jahren.

Fast scheint es, daß die Fans in diesem Trubel die einzigen sind, die dem ganzen Geschehen noch einen Sinn abzuringen versuchen. Und manchmal verirren sich solche Fans auf Präsidentensessel, Reporterstühle oder gar aufs Spielfeld. Aber hilft das? Gibt es einen Fußball-Kapitalismus mit menschlichem Antlitz? Werden die Fankurven sozialdemokratisch? Kann man im Stadion die Welt verbessern? Oder worum sonst geht es?

13. Ein Foto zum Schluß

Über meinem Schreibtisch hängt ein Bild, die vergrößerte Kopie eines Zeitungsfotos, das ich mir schon oft angeschaut habe, ohne dessen Wirkung auf mich aber ganz verstanden zu haben. Auf der rechten Seite des Fotos sieht man einen alten

Mann, der sehr gerade auf einem Stuhl sitzt. Sein Gesicht ist faltig, der Gesichtsausdruck freundlich. Er schaut aufs Spielfeld, das wir nicht sehen. Auf dem Kopf hat er eine Schiebermütze. Er trägt einen langen, grauen Mantel. Die Beine sind etwas ausgestellt, die Hosen ein wenig hochgerutscht. Auf die Beine hat er seine Arme gestützt, hält die Hände gefaltet und einen Gehstock dazwischen. Der Stuhl steht auf der Aschenbahn eines Sportplatzes direkt an einem Steinmäuerchen, das einmal Werbebande war. Ein großes »R« ist darauf noch zu erkennen, ansonsten sind die Farben abgeblättert und der Putz weggeplatzt. Es ist nicht einmal mehr zu ahnen, was dort einmal annonciert wurde. Auf dem Mäuerchen ist ein Gitterzaun, der stark angerostet ist und dessen Verstrebungen durchhängen. Und durch das Gitter erkennt man die leicht bemoosten, nicht mehr ganz geraden Stufen der Ränge. Die Bildunterschrift sagt: »Trostlose Kulisse, tristes Gekicke:

Ein älterer Herr sitzt einsam im Herner Stadion – es ist Werner Hontke, vor Hans Tilkowski Westfalia-Torwart der fünfziger Jahre.«

Das Foto illustrierte einen Artikel aus dem Winter '94. Dort ist die Rede davon, daß Westfalia Herne vielleicht Konkurs anmelden müsse. Offensichtlich fehlte ein Betrag von einhunderttausend Mark, um weitermachen zu können. Das ist heute im Fußball wenig, aber die erste Mannschaft spielt fünftklassig. Es kommen kaum noch Zuschauer, zwei- oder dreihundert vielleicht, und hundertmal soviele Plätze bleiben frei.

Auf die prekäre Situation des Vereins war ich, als ich den Artikel las, völlig unvorbereitet, denn ich war schon seit zwei Jahren nicht mehr bei Westfalia gewesen. Fast hatte ich ein schlechtes Gewissen. So, als wäre ich schuld daran, weil ich angesichts kaum noch akzeptablen Fußballs immer seltener und irgendwann gar nicht mehr gekommen war. Weil ich nach Köln fortgezogen war und mein Leben sich verändert hatte. Und, so dachte ich, könnte es nicht sein, daß dem VfL Bochum irgendwann ein ähnliches Schicksal wie Westfalia Herne bevorstände? Natürlich kann ich anderswo immer Fußball sehen und tue es auch. Aber das ist nicht das Gleiche. Das ist Sport, interessant und vielleicht sogar aufregend. Das ist mal Arbeit, mal Vergnügen, vielleicht ein prächtiges Erlebnis. Aber es ist nicht mehr als das. Die vielen hundert Stunden bei Westfalia Herne und dem VfL Bochum hingegen sind Teil meiner Geschichte. Das Foto über meinem Schreibtisch erinnert mich daran. Und es macht mir klar, daß ein Teil von mir nur noch ein ferner Schatten ist.

II. Stimmen zum Spiel

Meine Geschichte und der Versuch, die Historie des Fußball-Zuschauens zu skizzieren, haben Fragen offengelassen. Vor allem die: Warum denn nun sind wir hier? Deshalb wollte ich andere fragen, und machte mich dazu auf die Reise. Auf eine Reise durch die Republik, zugleich aber auch durch ein ideales Stadion, das es so nicht gibt. Ich wollte Fans aus allen Bereichen dieses Stadions zu Wort kommen lassen. Die aus dem Fanblock und die, denen es dort zu laut ist. Die in der Ehrenloge oder auf dem Reporterplatz. Junge und Alte. Männer und Frauen. Und selbst die unten auf dem Spielfeld, für die Fußball zum Beruf geworden ist. Ich nahm meinen Kassettenrecorder und mein Mikrofon mit, stellte beides auf den Tisch und begann, sie zu fragen. Wie fing es an? Warum sind sie im Stadion, und was suchen sie dort? Wie verschränken sich Leben und Leidenschaft? Welche Träume verbinden sich mit dem Fußball? Und sie begannen zu erzählen, immer mit Begeisterung, oft stundenlang und sehr persönlich. Obwohl es eigentlich zunächst um Fußball ging, ging es in den Gesprächen bald auch um Liebe und Enttäuschungen, Weltrekorde und Präsidentschaftsträume, Phantasieligen und Poprevolten, Militanz und Gewalt, Schizophrenie und Vaterbeziehungen, Politik und Tod. Die Stimmen zum Spiel sind ganz unterschiedlich ausgefallen. Unterschiedlich voneinander und unterschiedlich von dem, was Nicht-Fans von Fans annehmen. Und irgendwo in all dem verbirgt sich die Antwort.

David Stumm ist zwölf Jahre alt und hat seine eigene
Fußballwelt: »Die Ergebnisse denke ich mir aus.«

Von den Rivalitäten der Fußballwelt hält David nicht viel, auch wenn er bereits vor vier Jahren erstmals damit Kontakt hatte. Beim Spiel Leverkusen gegen Köln. »Da war ich eigentlich für Köln, aber Leverkusen hat 2:0 gewonnen. Dann bin ich noch mal mit meinem Vater nach Leverkusen ins Stadion gefahren. Das war eine Zeit, wo Köln viel verloren hat und Leverkusen weit oben war. Ich war im Stadion, und es war eine Super-Stimmung, und naja. Jetzt bin ich für Bayer. Aber am besten wäre es, wenn beide gewinnen.« An der Wand des Zimmers, das David sich mit seiner Schwester Judith teilt, hängen auch keine Bayer-Profis, sondern Fußballportraits aus französischen Zeitschriften. Davids Mutter ist Französin, er wurde zweisprachig erzogen und geht ins einzige Kölner Gymnasium, an dem Französisch erste Fremdsprache ist, und er das französische Abitur machen kann. Seine eigene, internationale und zugleich sehr private Fußballwelt hat David mit großer Sorgfalt und tiefem Ernst in Schulheften festgehalten.

Hier, im Heft habe ich alles aufgeschrieben. Da oben stehen die Spielpaarungen, Ergebnisse, und unten ist die Tabelle. Das sind meine eigenen Mannschaften. Da habe ich »Benfica« zusammengetan mit dem Namen von einem meiner Freunde, also hier Elias. Das ist dann »Benfica Elias«, die sind im Moment Tabellenerster. Zweiter ist »Panathinaikos Werner«, das ist mein Vater. »Gaspard Rangers« ist meine Mutter. Die ist Fünfte. Die Mannschaften sind sehr international. Ich habe eine französische Fußballzeitschrift abonniert, die heißt »Onze Mondial«, da steht viel über internationalen Fußball drin. Meine Klassenkameraden interessieren sich meisten nur für die Bundesliga. Ich aber nicht.

Die Aufstellungen der Mannschaften habe ich in diesem kleinen Extraheft. Ich habe hier jeweils ein Spielfeld aufgezeichnet und die Spieler da eingezeichnet, wo sie spielen. Aus welchem Land sie kommen, ist egal, das geht ohne Ausländerregel. In der besten Mannschaft spielen Papin, Stoichkov, Bebeto, Hagi, Mazinho, Popescu und Albert zusammen. Matthäus ist in einer anderen Mannschaft, den finde ich nicht so gut. Der ist in einer schlechten Mannschaft.

Die Mannschaften müssen alle gegeneinander spielen. Nach dem 38. Spieltag ist die Saison dann zu Ende. Ich habe für meinen Spielplan das Programm der französischen Liga genommen. Nantes ist dabei »Servette Kramer«, Lens ist »Panathinaikos Werner« und die anderen Mannschaften entsprechend. So kommen dann die ganzen Spieltage zusammen. Die Ergebnisse, die denke ich mir aus. Auch, wer die Tore geschossen hat und wieviel Zuschauer dagewesen sind. Das steht hinten im großen Heft. Bei Palmeiras waren letztes Mal 147.000 Zuschauer. Bei denen gehen 180.000 Zuschauer ins Stadion, das weiß ich. Aber manchmal denke ich mir auch einfach aus, wieviel Zuschauer ins Stadion passen.

Am Tabellenende ist »Real Sascha«, der hat am Wochenende 1:9 verloren. Die Mannschaften haben nämlich nicht nur die Namen von meinen Freunden, da sind auch Klassenkameraden dabei. Sascha ist kein Freund von mir, den finde ich nicht so nett. Meine Schwester ist im Moment nicht dabei, weil sie in der Zweiten Liga spielt. Die Zweite Liga schreibe ich nicht auf, die denke ich mir nur so im Kopf aus. Meine Schwester steht zur Zeit nicht so gut, die steigt nicht wieder auf.

Ich habe das Ganze von einem Freund von mir übernommen. Der hatte das vorher schon gemacht. Nur eben mit anderen Namen. Mein Freund ist mit seiner Liga, glaube ich, aber gerade zu Ende. Der macht jetzt eine neue. Wir wollten die Ligen auch schon mal zusammenlegen. Aber da würden wir uns mit den Ergebnissen bestimmt nicht einigen. Manchmal, wenn wir zusammen sind, mache ich mit ihm zusammen eine Konferenzschaltung vom Spieltag. Wir kommentieren alle Spiele aus unseren Ligen. Ich bin auf zehn Plätzen gleichzeitig. Wenn bei ihm ein Tor fällt, schalten wir rüber. Zwischendurch lassen wir Musik von der CD laufen. Und wenn wir keine Lust mehr haben, sagen wir, daß im Moment nichts los ist. Radioreporter werden, fände ich auch ganz gut. Ich höre fast jeden Samstag Bundesliga im Radio. Aber am liebsten wäre ich Sportjournalist bei der Zeitung. Berichte über Spiele schreiben und so was, das würde mir gefallen.

Frank Benatelli war zehn Jahre lang Bundesligaprofi
beim VfL Bochum: »Wenn Bochum gegen Schalke
spielte, habe ich immer noch als Fan gespielt, da hat es
innerlich gekocht.«

»Ich hatte früher auch einen Recorder mit Mikrofon«, sagt Frank, als er das Aufnahmegerät sieht. »Damit habe ich Spiele kommentiert. Bochum gegen Schalke. Die endeten meistens 4:3 für Bochum, ganz dramatisch, nach 0:2 Rückstand.« Der Fan als Profi, der Profi als Fan. 192 Bundesligaspiele hat Frank Benatelli zwischen 1982 und 1992 für den VfL Bochum absolviert. Dann traf ein Tritt seine Patella-Sehne, und die entzündete sich. Vier Operationen und immer neue Anläufe, wieder Fußball spielen zu können, folgten. »Ich bin in eineinhalb Jahren bestimmt 40.000 Kilometer zur Rehabilitation gefahren, habe Heiligabend trainiert und an Silvester. Ich habe fest daran geglaubt, daß es wieder geht.« Im August 1993 war Schluß. Erst holte Frank sein Fachabitur nach, dann machte er eine Umschulung zum Industriekaufmann. Seit kurzem arbeitet er in diesem Beruf und trainiert den Verbandsligisten SV Sodingen.
Ein Jahr lang ist er nicht im Ruhrstadion gewesen, inzwischen kommt er ab und zu wieder. Mit gemischten Gefühlen.

Ich bin hier in Bochum-Linden geboren und zwei Straßen weiter, von wo ich jetzt wohne, aufgewachsen. Mein Vater hat schon früher eine Dauerkarte für den VfL gehabt und mich schon als kleinen Jungen immer mitgenommen. Und wie das dann so ist, wenn man älter wird, will man dann seine eigenen Wege gehen. Da gab es damals hier einen Fanklub, den VfL-Fanklub Bochum-Süd. Als ich da eingetreten bin, war ich so 14 Jahre alt, also ungefähr 1978 muß das gewesen sein. Ich schätze, daß wir da so um die 50 Leute waren. Einige kannte ich vom Fußballspielen, aber nicht nur. Das war buntgemischt, ältere Leute waren auch dabei. Einmal in der Woche gab es ein Treffen, da wurden verbilligt Karten für die Heimspiele verteilt. Aber wir sind natürlich auch auswärts überall hingefahren, ob nach Frankfurt oder Hamburg. Ein Uhr nachts war Rückfahrt, so daß man in den frühen Morgenstunden nach Hause kam. Dann bin ich sonntags morgens direkt selber spielen gegangen. Da war ich aber noch nicht in Bochum, sondern hier bei uns, bei Weitmar 09. Als ich zum VfL gekommen bin, war ich 17 Jahre alt. Da habe ich noch ein Jahr in der A-Jugend gespielt.

In der Zeit beim Fanklub hatte ich 'ne Weste mit einem großen VfL-Wappen drauf. Einige Unterschriften von Spielern habe ich mir auch draufschreiben lassen. Die Weste hatte ich oft in der Schule an. Da ist man mit breiter Brust rumgelaufen und hat sich ganz stolz gefühlt. (lacht) Eine Fahne hatte ich nicht, aber einen Schal natürlich, eine Pudelmütze für den Winter, diese kleinen Halstücher. Was halt dazugehört.

Für mich war das klar, daß ich VfL-Fan bin. Einmal wegen meines Vaters, aber dann finde ich es sowieso schlimm, wenn einer hier in Bochum geboren ist und Fan von Schalke oder Dortmund wird. Die Leute werden auch mit der Stadt identifiziert, aus der sie kommen, auch wenn sie mal woanders sind. Aber hier im Viertel gab es viele Schalker und Dortmunder. Schalke habe ich irgendwo immer gehaßt. Auch aufgrund der Fans, die waren immer als Großschnauzen bekannt. Das war auch später als Spieler noch so. Wenn Bochum gegen Schalke spielte, habe ich immer noch als Fan gespielt, da hat es innerlich gekocht. Das war wirklich so. Bei einigen anderen, die aus der Gegend kommen, war das wahrscheinlich genauso. Aber mittlerweile ist das ja hier so, daß viele Spieler nicht mehr aus der Region kommen und das nicht verstehen. Ich habe immer mit dem Herzen gespielt, und gegen Schalke zu spielen, war für mich was Besonderes. Weil man als Fan weiß, daß es das schlimmste ist, gegen Schalke zu verlieren.

Aus heutiger Sicht empfinde ich das als Quatsch, aber damals habe ich mit richtiger Wut im Bauch gespielt. Obwohl es im Laufe der Jahre weniger geworden ist, war es nie ganz weg.

Mit der Zeit ist der VfL aber ein Verein geworden wie viele andere auch. Früher haben wir alle mit Herz gespielt: für den Verein, für den VfL Bochum. Ich hatte auch mal ein Angebot aus Nürnberg. Da hätte ich mehr Geld verdient, aber ich habe hier an Bochum gehangen. Wir Spieler in Bochum waren sowieso immer schlecht bezahlt im Vergleich mit anderen in der Bundesliga. Vor allem die echten VfLer. Wir haben immer am wenigsten verdient. Für den ehemaligen Präsidenten Ottokar Wüst war ja klar, daß wir nicht wechseln wollten. »Du kriegst wieder Deinen Vertrag. Wir tun mal 500 Mark drauf«, hieß das dann. Aber das hat jeder selbst zu verantworten, was er aushandelt. Ich hätte eben lieber mit Bochum den UEFA-Cup erreicht, als mit Bayern München Deutscher Meister zu werden. Bochum war für mich was Größeres. Aber das hat sich eben im Laufe der Jahre geändert. Jetzt, zum Schluß, wenn die Verletzung nicht gekommen wäre, wäre ich auch gewechselt. Mit der Zeit ist das verflacht. Es hatte sich so viel im Verein verändert. Damals, mit Ottokar Wüst, war alles viel familiärer. Da stand der Mensch im Mittelpunkt. Heute, mit den neuen Leuten, sieht das anders aus.

Damals, zu unseren Treffen beim Fanklub, sind ab und zu auch mal Spieler gekommen. Jochen Abel war damals groß, oder Dieter Bast. Mit denen dann später zusammen auf dem Platz zu stehen, war trotzdem kein Problem. Ich war erst in der A-Jugend, dann habe ich ein Jahr bei den Amateuren gespielt und bin langsam zum Profikader gestoßen. Das war eine Sache, die sich langsam über zwei, drei Jahre aufgebaut hat. Als ich mein erstes Spiel gemacht habe, gegen den VfB Stuttgart, da war ich sehr glücklich und sehr stolz und bin direkt nach Hause gefahren, um die Sportschau zu sehen. Da war ich schließlich zum ersten Mal im Fernsehen.

Ich wußte immer, wie die Fans fühlen, ich habe doch selbst da gestanden. Wenn sie samstags ins Stadion kommen und wir verlieren, ist für sie das ganze Wochenende vorbei. Einsatz und Kampf, das ist das mindeste, was sie sehen wollen. Wenn Protest von den richtigen Fans in der Kurve kommt, muß es schon sehr schlimm sein. Oft sind es die auf den Tribünen, die schnell pfeifen, und nicht die eigentlichen Fans, die in der Ostkurve stehen. Früher war es ja oft so, daß vielleicht mal zehntausend Zuschauer im Stadion waren, da kriegt man genau mit, was die Zuschauer rufen. Besonders auf der Gegentribüne, wo die ganz Kritischen sitzen. Da konnten einige gar nicht spielen, die haben auf der Seite immer den größten Scheiß zusammengespielt. Die Zuschauer dort haben fast jeden angemacht.

Mich haben die Leute auf der Straße oft angesprochen. Besonders mich, ich wohne hier schon so lange, die kennen mich. Das gehört dazu. Man kann doch jeden verstehen, der einen Spieler anspricht, der in Bochum spielt. Mich stört das nicht. Als ich angefangen habe, mein Abitur nachzumachen, am ersten Tag, da war gerade Englisch. Und nach zehn Minuten war für mich eigentlich klar: Wenn es hier schellt, dann bist du gleich wieder weg. Dann hat die Lehrerin so ein Frage-Antwort-Spiel gemacht, wo man sich mit den anderen zusammensetzen mußte, und dann kamen die Leute ganz nett auf mich zu: »Frank, wir haben zwei Tage eher angefangen und schon Deinen Namen gehört. Wie geht es denn?« Und das hat mich dazu verleitet, zu sagen: Okay, jetzt bleib' ich noch ein bißchen hier. Am Ende habe ich es auch ganz durchgezogen. Da bin ich auch stolz drauf und profitiere sehr davon. Es ist auch jetzt noch so, daß, wo immer ich hinkomme, ständig mit dem VfL in Zusammenhang gebracht werde. Da sagen die Leute am Montag: »Was habt ihr denn da wieder gemacht?« Und ich spiele schon zweieinhalb Jahre nicht mehr. Jetzt, wo man gar nicht mehr dabei ist, ist das eigentlich besonders schön.

Wenn ich das Bochum-Lied von Herbert Grönemeyer höre,

geht das unter die Haut. Aber ich bin jetzt nicht mehr Fan. Jetzt kann ich da in Ruhe sitzen und mir das Spiel angucken. Na, sicherlich bewegt es einen so schon. Anhänglichkeit ist schon noch da, aber es ist nicht mehr so, daß ich mich ärgere, wenn sie verlieren. Ich habe ein wenig Abstand gebraucht. Sonst wird man immer darin erinnert, daß man nicht mitspielen kann. Und dann ist da noch die Enttäuschung, daß wir Sportinvaliden nicht richtig verabschiedet worden sind. Es gab keinen Dank, keinen Blumenstrauß. Man wird nicht weiter eingebunden in den Verein. Es ist schade, daß man so vom Verein scheiden muß.

Vom Kämpfer gegen die Startbahn West in Frankfurt zum Fanzine-Macher am Bieberer Berg in Offenbach. Das ist für Volker Goll kein Widerspruch: »Ich sehe in meiner Vergangenheit keinen Bruch.«

Aufgeregt, mit fiebrigem Blick, schaut Volker Goll aufs Spiel-
feld hinunter. Das Leiden um die Kickers nimmt kein Ende.
Kaum ein Klub in Deutschland ist von so vielen Skandalen,
Beinahe-Pleiten und sportlichen Pleiten geschüttelt worden
wie der Klub vom Bieberer Berg. Und doch hat sich der OFC
immer wieder hochgerappelt, mitgerissen von der Hingabe
seiner Fans. »Es ist bezeichnend, daß der Manager in seiner
Broschüre für Sponsoren nicht mit einer Spielszene, sondern
mit einem Foto des Fanblocks für den Verein wirbt«, sagt
Volker. 1994 hat der 31jährige mit Freunden zusammen das
Fanzine ERWIN gestartet, dem nicht nur die FAZ »Erstklas-
sigkeit« bestätigt. ERWIN, benannt nach der Offenbacher
Stürmerlegende Erwin Kostedde, ist es gelungen, sich ohne
Anbiederung an eine schwierige Szene, in der es immer noch
viele gewaltbereite Fans gibt, und Frankfurter Vereine be-
harrlich als »Judenklubs« beschimpft werden, zu etablieren.
Selbst bei Spielen, zu denen nur zweitausend Zuschauer kom-
men, werden eintausend Hefte verkauft. Aber natürlich ste-
hen die Macher von ERWIN bei aller politischen Korrektheit
»wie verrückt hinter dem Verein«. Und das wird honoriert.
Volker, das merkt man beim Gang durchs Stadion mit ihm,
fühlt sich wohl am Bieberer Berg. Und dabei wird klar, daß
seine Vergangenheit als Häuserkämpfer und Aktivist gegen
die Startbahn West des Frankfurter Flughafens auf ver-
schlungenen Wegen hier wirklich eine Fortsetzung findet.

Im nachhinein frage ich mich, warum mein Vater mich beim
ersten Spiel gerade in den Fanblock mitgenommen hat. Das
hat mir zwar unheimlich imponiert, aber als das erste Tor fiel,
sind alle umgefallen und ich habe eine Fahne ins Kreuz gekriegt. Das hat so weh getan, daß ich Angst vorm nächsten
Tor hatte. Aber dann ist es gleich fünf Mal passiert. (lacht)
Eintracht Frankfurt hat gegen Braunschweig nämlich 5:3 gewonnen. Und natürlich wollte ich beim nächsten Mal auch

wieder in den G-Block. Ich bin dann aber ziemlich bald nicht mehr mit meinem Vater ins Waldstadion gegangen, sondern mit unserer Clique aus der Nordwest-Stadt. Das war eine typische Hochhaus-Siedlung der 70er Jahre im Norden Frankfurts. Einerseits gab es Häuser mit Sozialwohnungen, fünf oder sechs Blocks. Daneben stand dann ein Haus, wo nur Beamte wohnten. Polizeibeamte oder Zollbeamte wie mein Vater. Dann gab es ein Haus voller Postbeamter und Reihenhäuser, in denen Ärzte und Besserverdienende wohnten. Und so haben sich zumeist auch die Kinder voneinander abgegrenzt. Meine Freunde kamen allerdings aus einer ganz anderen Ecke der Nordwest-Stadt. Die haben an der Müllverbrennungsanlage gewohnt. Die Stadt mit Müll zu heizen, galt damals als hochmodern, aber bei denen hat es eben gestunken. Deshalb war das auch die schlechteste Wohngegend, und die Jungs von da galten als die schlimmsten Asis. Mit denen habe ich mich trotzdem am besten verstanden und bin mit ihnen auch zur Eintracht gegangen. Wir hatten sogar einen Fanklub, der aus unerfindlichen Gründen »Schweinchen« hieß. (lacht)

Damals hatte ich auch die ersten Kontakte zur Jugendzentrumsbewegung. In Sachsenhausen, in der Freien Schule, die es heute noch gibt. Die wurde von Leuten gemacht, die zusammen mit Ulrike Meinhof pädagogische Konzepte entwickelt hatten. Und die dort betreuten Mädels waren unsere ersten Freundinnen. Und noch in der Schule haben mich die großen Anti-AKW-Demos in Grohnde und Brokdorf unheimlich fasziniert. 1979 bin ich Mitglied einer Bürgerinitiative geworden, und an meiner Eintracht-Kutte hatte ich damals demonstrativ das »AKW nee«. Im Stadion hat das keinen gestört, es gab sogar Leute, die mich positiv drauf angesprochen haben.

Politik und Fußball haben sich in einem Fall auf ganz merkwürdige Weise miteinander verbunden. Ich hatte mich im

Block immer neben eine Gruppe von etwas älteren Fans gestellt, zu denen ich aufgeschaut habe, weil sie für mich eine gewisse Souveränität und Ruhe ausgestrahlt haben. Irgendwann nach einem Spiel gab es auf dem Abmarschweg mal eine Auseinandersetzung mit einem Mercedes-Fahrer, der mit seinem Wagen möglichst schnell durch die Menschenmenge wollte. Er drängelte und hupte, da hat unsere Clique ihm vor's Auto getreten. Der Fahrer ist sofort ausgestiegen, hat mich geschnappt und gesagt: »Der hat meinen Stern abgerissen!« Prompt kamen die Bullen da und haben mich am Schlawittchen gepackt. Aber da haben diese älteren Jungs geholfen, die Bullen weggeschubst, und – rap, zap – gab es 'ne kleine Hauerei. Die Jungs haben mich da weggezogen, wo ich kleines Würstchen mich natürlich hätte verhaften lassen.

Danach war ich mit denen natürlich noch enger zusammen, wenn auch nur im Fanblock. Bis der Typ, den ich am besten fand, mal mit einer Ordnerbinde ankam. Als ich ihn fragte, was für ein Ordner er denn wäre, hat er gesagt: »Vom Parteitag in Nürnberg.« Gemeint war der NPD-Parteitag. Da war ich echt schockiert. Bei uns war doch Linkssein angesagt, also bin ich dem danach aus dem Weg gegangen. Ein paar Jahre später habe ich ihn aber getroffen, als wir gegen die VSPD (Volkssozialistische Partei Deutschland, Anm. d. A.) demonstriert haben, was eine der Nazigruppen Anfang der achtziger Jahre war. Die hatten einen Bücherstand an der Hauptwache, und wir haben mit anderen Schulen eine Gegenaktion organisiert. Also standen die hinter und wir vor dem Stand. Das Dumme war allerdings, daß wir nur »Nazis raus« gerufen haben, während die in ihre Taschen faßten und die Knüppel rausholten. Da haben einige von uns Schläge gekriegt, und wir sind erst mal verjagt worden. Dann sind wir zurück, um Rache zu nehmen, haben den ganzen Stand auseinandergenommen, bis die Bullen kamen und alle zusammen verhaftet haben. Und so saßen wir in der Zelle: auf der einen Bank die Nazis, auf der anderen Seite wir. Und als ich da meinen Eintracht-Freund sehe, haben wir aneinander vorbeigeschaut.

Mit 18 bin ich zu Hause ausgezogen, und zwar in ein besetztes Haus. Wir haben damals mit einer Gruppe von fast zwanzig Leuten schon länger nach einer gemeinsamen Möglichkeit des Wohnens gesucht. Allerdings war es aussichtslos, irgendwo einen Mietvertrag zu bekommen. Bei dem Haus, das wir besetzten, hatten wir am Anfang sehr gute Karten. Der Besitzer ließ es aus Spekulationsgründen verfallen, deshalb war die halbe Straße auf unserer Seite. Zudem hielt er sich aus irgendwelchen dubiosen Gründen im Ausland auf und war für niemanden aufzufinden. Er konnte oder wollte also keinen Räumungstitel unterschreiben. Die Polizei räumte dann aber trotzdem, weil angeblich »Gefahr im Verzuge« war. Aber wir machten weiter, haben wieder ein Haus besetzt, sind rausgeflogen, wieder ein Haus besetzt, wieder rausgeflogen. So ging das mehrmals. Als es am Ende mit den Besetzungen nicht klappte, bin ich im August '81 in eine WG gezogen. Das war zu einem Zeitpunkt, wo ich mit Fußball schon nichts mehr am Hut hatte. Aus der Zeit weiß ich nicht mal, wer Meister war, weil es in Frankfurt richtig rundging. Bald gab es die Kriminalisierung des sogenannten »Schwarzen Block«, die auch mich betraf. Der wurde zur terroristischen Vereinigung erklärt, es fanden Hausdurchsuchungen statt. Leute saßen im Knast, andere wurden verfolgt und waren flüchtig.

Vorwiegend junge, politisch aktive Leute, die sich teilweise nicht einmal untereinander kannten, wurden kriminalisiert. Dabei hatten sie im Grunde nichts anderes gemacht, als Häuser besetzt, mal einen Fahrscheinautomaten angesteckt und sich mit Nazis geprügelt. Aber daraus wurde plötzlich eine terroristische Vereinigung gemacht – mit Führung und einheitlicher Struktur. Alles Sachen, die wir gar nicht im Kopf hatten. In Wirklichkeit waren wir einfach ein durcheinandergewürfelter Haufen, der gut drauf war und bei den Demos eher zur militanteren Fraktion zählte. Was sie uns unterstellt haben, einen Anschlag auf einen US-Befehlshaber, auf einen Hubschrauber-Landeplatz, war totaler Quatsch. Mir haben sie untergeschoben, daß ich einen Fluchtwagen gefahren hätte, obwohl ich damals nicht mal Auto fahren konnte.

Aber es hat gewirkt. Die meisten Leute haben aufgehört, Politik zu machen. Und die wenigen, die weitergemacht haben, hatten das Gefühl: Jetzt ist es auch egal! Das muß man sich mal vorstellen: Du schlägst die »Bild«-Zeitung auf und siehst Fotos von deiner Wohnung, die gerade durchsucht wird. Darunter steht: »Die Terror-Zentrale in der Robert-Mayer-Straße«. Und es war Zufall, daß ich an dem Morgen nicht in der Wohnung war und verhaftet wurde. Ich bin erst mal für eine Woche bei Freunden untergebracht worden, bis wir erfahren haben, daß die ganze Konstruktion in sich zusammengebrochen war. Das Ermittlungsverfahren wurde erst vier Jahre später eingestellt. Es stellte sich heraus, daß alles gegen uns ein »Kronzeuge« war, der inzwischen vor der Presse erklärt hatte, daß er zu den belastenden Aussagen gezwungen worden war. Aber diese vier Jahre mit dem Etikett »Mitglied einer terroristischen Vereinigung« zu verbringen, brachte schon einige Nachteile und Schikanen mit sich. (lacht)

Nachdem ich wieder aufgetaucht war, hatte ich immer noch tierisch Angst, daß sie mich mitnehmen würden. Deshalb wollte nicht zurück in die Wohnung und bin dann ins Startbahn-Hüttendorf am Frankfurter Flughafen gezogen. Wirklich gewohnt habe ich da zwar nur zwei Wochen, aber das hat die Bindung zum Anti-Startbahnkampf gestärkt. Ich habe gesehen, daß der ganze Wald abgeholzt wird für so eine

Scheißstartbahn, und mich mit den Leuten angefreundet. Es war so klasse, daß diese ganz normalen Bürger, mit denen wir eigentlich nichts mehr zu tun haben wollten, gemeinsam mit Punkern, Anarchos und was weiß ich für Freaks um ihren Wald kämpften. Da kam schon mal eine Art Revolutionsromantik auf.

Also bin ich zu allen Anlässen in den Wald gefahren und habe mich am Anti-Startbahnkampf beteiligt. Von Fußball habe ich in dieser Zeit nichts gesehen und gehört. Ich war auch der Meinung, daß Fußball Verdummung ist, die nur dazu dient, daß sich die Leute nicht um ihre wahren Probleme kümmern. Daß sie sich im Stadion gegenseitig die Köppe einschlagen, anstatt sich gegen die Richtigen zu wehren. Deshalb bin ich auch nicht mehr ins Stadion gegangen. Wenn eine halbe Region gegen die Startbahn kämpft, ein paar Zehntausend gegen die Mauer um den Bauplatz anrennen und sich mit den Bullen prügeln, während andernorts sechzigtausend bei Eintracht Frankfurt gegen Bayern München sind, war mir klar: Zu denen gehöre ich nicht. Das sehe ich heute noch ganz genauso.

In der Anti-Startbahnbewegung bildeten wir mit vielen Freunden aus den Städten die autonome Fraktion. Wir wollten nicht in die Parlamente, wir waren nicht an persönlicher Macht interessiert. Wir wollten, daß solche Projekte nicht gegen den Willen einer ganzen Region durchgezogen werden. Im Unterschied zu den Grünen, die diese Bewegung für ihren Karrieresprung genutzt haben, und damit letzlich das gemeinsame Anliegen verraten haben, gaben wir nicht auf. Und sei es nur, um den politischen oder auch materiellen Preis so hoch wie möglich zu schrauben. Damit sie sich an anderen Stellen noch mal überlegen, ob sie das machen. Das hat auch genutzt. So hatten sie in Frankenberg in Hessen den Plan einer Wiederaufbereitungsanlage nach den Auseinandersetzungen an der Startbahn fallengelassen. Wir haben auch die Leute in Wackersdorf unterstützt. Unser Protest an der Startbahn hat dort viel schneller dazu geführt, daß sich die Leute radikalisiert haben und ziemlich massiv gegen den Bau vorgegangen sind. Bei uns wurde noch ewig lange diskutiert, ob man einen Farbbeutel schmeißt oder gar die Mauer angreift. Es gab riesige Auseinandersetzungen, wie man Widerstand und Gewalt definiert. Dagegen ging das in Wackersdorf von der friedlichen Demonstration bis zum Angriff aufs Baugelände geradezu im Zeitraffer. Das hatte mit unseren Erfahrungen zu tun, daß diese ganzen demokratischen Proteste gut und schön sind, aber auf sie nicht gehört wird, wenn es um andere Interessen geht.

Sicherlich war es so, daß man nach außen den Harten rausgekehrt hat. Aber das mit schwarzen Klamotten war am Anfang keine bewußte Aktion, um besonders stark auszusehen, sondern Selbstschutz gegen die ganze Überwachung. Wenn du da eine rote Hose angehabt hättest, hätten sie dich zuerst rausgeholt. Also hast du auch eine schwarze angezogen. Irgenwann hast du das vielleicht auch chic gefunden. Außerdem hat mir gefallen, auf einer Demo zu zeigen: Wir lassen uns nichts gefallen! Auch den Leuten zu zeigen, die nur zugeschaut haben, daß es in diesem Land Leute gibt, die sich nicht einschüchtern lassen. Man geht also zum Bauplatz und versucht den Zaun einzureißen, denn das wollen alle Leute. Wir ängstigen uns nicht davor, daß wir ein Verfahren oder gleich was aufs Maul kriegen. Wir können auch austeilen. Die Härte kommt dabei zwangsläufig, aber mir hat sie nie gefallen. Ich bin kein Schläger.

Wir haben richtig trainiert, die Angst wegzukriegen. Wenn ich am Anfang Blaulicht gesehen habe, habe ich meine Füße in die Hand genommen und war weg. Das hatte gute Gründe, du hast genug aufs Maul gekriegt. Wie bei dieser berüchtigten Rohrbachstraßen-Demo im November '81 in Frankfurt. Da machte die Polizei die Straße hinten und vorne dicht, kesselte ungefähr tausend Leute und schlug auf alles, was sich bewegte. Da lag ich unter einem Auto und die Leute, die das nicht geschafft haben, haben fürchterlich was abbekommen. Danach hatte ich jedenfalls so eine Angst vor Polizei und Blaulicht, daß ich nachts auf keine Demo in der Stadt mehr gegangen bin. An der Startbahn war dagegen der Vorteil, daß ich den Wald als meinen Verbündeten gesehen habe – wir kannten alle Pfade und Wege.

Am Anfang sind fast alle Leute, die sich politisieren, unheimlich extrem drauf. Da gehört es vielleicht auch dazu, mit bestimmten Sachen, die in der Kindheit eine Rolle gespielt haben, zu brechen. Und in diesem Zusammenhang war auch Fußball bei mir fünf Jahre lang völlig abgemeldet. Wenn man aber länger dabei bleibt, sich ernsthafter mit gesellschaftlichen Zusammenhängen beschäftigt, kommt man relativ schnell an den Punkt, wo man sagt: Das macht mir Spaß, egal was Leute darüber denken. 1985 bin ich von Frankfurt nach Offenbach gezogen und hatte mal wieder Lust, zum Fußball zu gehen. Ganz allein bin ich dahin und habe es niemandem gesagt. (lacht) Da habe ich, glaube ich, Eintracht gegen Bremen gesehen. Aber es war so ein langweiliges Spiel. Ich hatte Fußball als eine tolle Sache in Erinnerung, und dann das. Das Spiel war öde. Die Stimmung war schlecht. Es hat mir überhaupt nicht gefallen. Dann habe ich mir gesagt: Okay, gehst du halt mal zu Offenbach. Eigentlich war das ja unmöglich: Ein Frankfurter geht nicht zum OFC – auch nicht umgekehrt. Die Abneigung beider Lager geht weit übers Fußballerische hinaus. Wahrscheinlich erleichterte mir die mehrjährige Abstinenz diesen Seitenwechsel.

Die Kickers waren jedenfalls damals in der Zweiten Liga. Und mein erstes Spiel war ein 3:3 gegen Bayreuth. Das war so geil! Da ging es ab! Da war Stimmung, wie ich es nicht gekannt habe. Das war ein Erlebnis, und so bin ich dabeigeblieben. Es hat mir schon immer gefallen, wenn sich Leute begeistern. Das war auch die Brücke zu den politischen Sachen, wo man sich total für etwas einsetzt, und trotzdem der Spaß nicht zu kurz kommt. Lebenslust war in unserem politischen Engagement sehr wichtig. Gäbe es da nur verdorrte, engstirnige Theorien, wäre ich nicht so lange dabei.

Viel Spaß hatten wir auch weiterhin im Wald. Und das mit den sogenannten »Normalos«, trotz ihrer ganzen bürgerlichen Rituale: dem Kaffeetrinken um vier und dem Rinderbraten am Sonntag. Die Leute, die für mich eigentlich den Horror des normalen Lebens darstellten, lagen mit dir im Dreck, warnten und schützten dich vor der Polizei oder trotzten gar gemeinsam einer vorrückenden Hundertschaft. Weil man sich mit diesen Leuten austauschen konnte, war das eine Bereicherung. Man hat gesehen, wie es funktioniert, jemanden politisch zu überzeugen und sich gegenseitig ernst zu nehmen, auch wenn der gegenüber schmuddeliger oder eben spießiger gekleidet ist.

Es gab dann auch nach der Einweihung der Startbahn noch diese Sonntagsspaziergänge mit bis zu tausend Leuten. Das war immer auch ein großes kommunikatives Erlebnis. Nach so einer langen und intensiven Zeit wollten wir nicht einfach aufhören. Und so haben wir uns jeden Sonntag, bis 1987 zwei Polizisten bei einer nächtlichen Anti-Startbahnaktion erschossen wurden, getroffen. Wir sind zum Ort des Geschehens maschiert, es gab Kaffee und Kuchen, und man hat zu den ganzen Leuten den Kontakt gehalten. Es wurden etliche Attacken gegen das verhaßte Bauwerk gestartet oder einfach die Polizei verarscht. Oder man unterhielt sich über Gott und die Welt – also auch Fußball.

Mir hat es schon immer gefallen, mit allen möglichen Leuten zu sprechen. Sei es nun mit der Bäckersfrau oder auf dem Sportplatz. Wenn du noch Ideen hast, was hier zu verändern ist, kannst du nur was erreichen, wenn du aufnahmefähig anderen gegenüber bist. Vielen Leute innerhalb der Polit-

Szene ging so was früher schon zu weit. Die bekamen ja Allergien, wenn sie sich mit normalen Leuten unterhalten mußten.

Wenn ich also Zeit hatte, bin ich zum Bieberer Berg gegangen. Da war alles familiärer und privater als in Frankfurt. Ich hab zwar keine Leute kennengelernt, aber ich habe mich einfach hingestellt und wohl gefühlt. Mir hat dort gut gefallen, daß du als Zuschauer noch das Gefühl hast, auf die Geschicke des Vereins Einfluß zu haben. Und sei es nur, daß du einem Spieler was zubrüllen kannst, weil du so nah am Spielfeld stehst. '89, im Abstiegskampf der Zweiten Liga, habe ich vielen Leuten gesagt, sie sollten mal mitkommen. Die fanden es auch super. Die Stimmung war auch wirklich phantastisch. Wenn da im letzten Spiel zwanzigtausend Zuschauer stehen und den Ball ins Tor brüllen, wie es am Bieberer Berg an guten Tagen passiert, bebt halt alles in dir. Das ist ein aufwühlendes Erlebnis. Mir gefällt diese Seelenmassage, dieses Auf und Ab. Wo es doch um gar nichts geht – eigentlich.

Manche Freunde, die ich ins Stadion mitgenommen hatte, haben allerdings gesagt, daß ihnen die Masse Angst macht und sie Parallelen zu faschistischen Aufmärschen spüren. Ich konnte das nie nachvollziehen. Wenn man Nazi-Aufmärsche sieht, mit Fackeln und Uniformen, das ist immer was Einheitliches – womöglich singen alle noch ein Lied. Dagegen ist es auf dem Fußballplatz doch zumeist ein ziemliches Durcheinander. Das sind nur kurze Momente, wo du dich mit der Masse eins fühlst. In den Momenten erlebe ich eher eine Sehnsucht nach Gemeinsamkeit.

Als ich 1989 über Hamburger Freunde zum ersten Mal zum FC St. Pauli gekommen bin, habe ich gesehen, daß man auf dem Fußballplatz seinen Kopf nicht am Kassenhäuschen abgeben muß. Die ganze Scheiße, die Juden-Rufe gegen andere Vereine, das Gebrüll gegen farbige Spieler, den Schiri als »schwule Sau« zu titulieren oder Frauen, die nahe an die

MAI 1995   No 5

ERWIN

**UNABHÄNGIGES
OFC-FAN-MAGAZIN**

DM 1,-

Schwarzer Freitag • Schummer • Bundesliga-Skandal

92

Kurve kommen, zum »Ausziehen, Ausziehen«, verderben einem doch den Spaß. Bei St. Pauli hat mir gefallen, daß der Kampf gegen so ein Verhalten aufgenommen wurde. Sie haben klargemacht, daß auch ganz viele andere Leute zum Fußball gehen, die vorher nur das Maul nicht aufgemacht hatten. Und vor allen Dingen haben sie Stimmung gemacht. Wenn die einfach nur politisch korrekt gewesen wären und nur brav geklatscht hätten, hätte man das abhaken können. Aber dann waren sie sogar noch die besseren Fans. Bei einigen Auswärtsspielen erwiesen sich manche Heimfans, die vorher besonders beeindruckend waren, dagegen als Kinderchor. Das hat mir gefallen: Es wird ein schöner Fußballnachmittag von der Stimmung her, und das Ganze hat auch noch Witz. Daß endlich mal Ironie in die Kurven reinkommt, daß endlich mal Witze gemacht werden, daß man über sein eigenes Schicksal lachen kann.

Das ist auch ein Aspekt von unserem Fanzine ERWIN. Ein anderer ist das ganze kulturelle Umfeld von Fußball. Ich habe mich kürzlich mit den alten Damen unterhalten, die seit 1948 im Verein sind und seit zwanzig Jahren im Kassenhäuschen sitzen. Wie die sich um Leute in dem Verein kümmern, zeigt auch, daß das eine soziale Geschichte ist. Da werden Leute betreut, die im Klub alt werden. Da wird Leuten geholfen, weil sie im Verein sind. Das habe ich früher nie gesehen. Das ist ein Lebenszusammenhang, und das ist in dieser Welt nicht normal. Wo es sonst nur um den eigenen Vorteil geht, wirkt das fast etwas althergebracht. Wie eine Großfamilie, so ist jedenfalls die Vorstellung von einigen im Verein. Das sind die Leute, die sich ohne Geld für die gute Sache einsetzen. Das finde ich schon bewundernswert.

ERWIN ist unser Beitrag zum Kultverein OFC und der Versuch, positiv Einfluß zu nehmen. Wir wollen nicht belehrend sein, weil das nichts bringt. Wir versuchen unsere Meinung ironisch rüberzubringen. Mit dem »Sowieso gegen rechts«

würden wir in Offenbach nichts erreichen. Wir sagen lieber, wie schön es war, daß wir eine Halbzeit lang durchgesungen haben, anstatt alle fünf Minuten »Was steht an jeder Ecke, Eintracht verrecke!« zu brüllen. Ich finde es besser, zu zeigen, daß bei uns was los ist, daß das ein Kulturerlebnis ist. Wenn wir so was hochhalten, erhoffe ich mir davon, daß mehr Leute merken, wie gut das sein kann.

Zum Fußball zu gehen, hat wesentlich mehr Gründe, als nur den Haß auszuleben. Diese Gründe liest man im ERWIN. Das finden viele Zuschauer gut, was zeigt, daß sie die schweigende Mehrheit bilden, die dumme Sprüche nicht mitbrüllen. Die sagen: endlich kommt mal was, das geistreicher ist, worüber man lachen kann, was dem Sinn des Sports näher kommt. Da haben wir schon was erreicht. Bei Vereinen, die sportlich nicht so erfolgreich sind (lacht), rücken bisweilen andere Sachen als der Fußball in den Mittelpunkt.

Einige meiner alten »Mitstreiter« fluchen schon darüber, wieviel Zeit ich mit Fußball spielen, Jugend trainieren, zu Spielen gehen und Fanzine machen zubringe. Aber genaugenommen ist es doch in unserem Sinne, wenn auch auf dem Sportplatz Dinge in Bewegung kommen, und nichts bleibt, wie es ist! Ich sehe zu meiner Vergangenheit keinen Bruch. Ich wohne seit fünfzehn Jahren in Wohngemeinschaften, seit fünf Jahren mit neun Leuten. Für heutige Verhältnisse ist das noch immer ein sehr fortschrittliches Projekt. Unzählige der früheren »Radikalen« sitzen doch inzwischen daheim hinterm Ofen, kriegen den Arsch zu nix mehr hoch und leben, wie sie es angeblich nie wollten.

HSV-Fan Carlo Farsang aus dem Schwarzwald
ist auf Auswärtsfahrt ins Buch der Rekorde.
Seit 6 Jahren klappert er die Fußballstadien der Welt ab.
»Fahrten von zu Hause nach Hamburg, das ist für mich,
wie wenn andere mit der Straßenbahn vom Hauptbahnhof nach Hause fahren«, sagt er.

In seiner Wohnung im schwarzwäldischen Schönwald hat er die Trophäen seiner Reisen zusammengetragen. Zwischen den Wimpeln, Schals und Postkarten ist kaum noch Tapete zu sehen. Der Überwurf auf dem Sofa ist ein Patchwork zusammengenähter Fanschals aus ganz Europa. Über das selbstgekochte Abendessen hinweg erzählt Carlo Farsang, den alle nur Fari nennen, Geschichten aus der Welt des Fußball-Reisens. »Ich sitze mit einer älteren Dame im Abteil, und wir kommen ins Gespräch. Sie fragt mich, wohin ich fahre. Ich sage: ›Nach Hamburg.‹ – ›Was machen Sie denn da?‹ – ›Ich fahre zum Fußball.‹ – ›Was, so eine weite Strecke nur für Fußball?‹ – ›Das ist doch nicht weit, ich fahre heute abend noch weiter.‹ – ›Was, die ganze weite Strecke wieder bis nach Hause?‹ – ›Nee‹, sag ich, ›ich fahr heute abend noch nach Prag. Da gehe ich morgen zum Spiel.‹ Das hat die gar nicht nachvollziehen können.« *Fari ist der ungekrönte König der Groundhopper, was auf deutsch in etwa »Stadionhüpfer« bedeutet. Er sieht nicht nur ausnahmslos alle Spiele des HSV, sondern stürzt von Stadion zu Stadion, von Bahnhof zu Bahnhof, von Land zu Land. Zehntausende von Kilometern und hundertfünfzig Spiele schafft er im Jahr.* »Es kommt mir manchmal so vor, als wäre Europa mein Wohnzimmer. Andere stöhnen, wenn sie 38 Stunden nach Moskau fahren, da dreh ich mir 'ne Zigarette in der Zeit.«

Jeder fängt klein an. Man fährt zu Bundesligaspielen und versucht alle Heim- und Auswärtsspiele zu machen. Meine erste Saison war 1985, da war ich fünfzehn Jahre alt und bin auf siebzehn Spiele gekommen. In der zweiten waren es dreißig. Dann kam die dritte Saison, wo ich alle Spiele gemacht hab, dazu noch alle DFB-Pokalspiele. Gut, dann hat man die Bundesliga komplett dadurch, daß man mit dem HSV in allen anderen Stadien gewesen ist. Dann kommt die Zweite Liga, und man versucht immer die Topspiele oder die Derbys zu machen. Danach geht es das erste Mal ins Ausland, bei mir war das 1989 mit dem HSV nach Göteborg.

Im nächsten Jahr hat man vielleicht Pech, und der eigene Klub fliegt im Europapokal früh raus. Was macht man dann? Entweder fährt man mit einem anderen deutschen Klub, oder man fährt mal zu einem Ligaspiel nach Italien. Kein Mensch würde am Anfang gleich auf die Idee kommen, ein Ligaspiel in Rumänien zu gucken. Bei mir hat sich das ganz schnell ergeben, gleich 1990. Da bin ich mit Freunden nach Barcelona gefahren, nach Montpellier, zu den guten Spielen nach England. Das ging Schlag auf Schlag. Die WM '90 in Italien war der Hauptauslöser. Danach war ich schon so gut organisiert und hatte einen Namen in der Szene, daß Leute auf mich zugekommen sind und gefragt haben: »Wie komme ich in Mailand vom Hauptbahnhof zum Stadion?« Und heute fragen sie eben, an welchen Bahnhof sie in Budapest umsteigen müssen, weil das hier nicht mal ein Bahnbeamter beantworten kann.

Irgendwann bin ich aber schon dreißig Mal in Italien gewesen, das wird langweilig, ich mußte was anderes sehen. Das ist eine Sammelleidenschaft. Man setzt sich höhere Ziele und versucht, mehr Spiele zu machen. Die Strecken müssen weiter werden, die Ziele exotischer. Oder man versucht in kurzer Zeit, so viele Spiele wie möglich zu machen. Der Rekord von mir liegt bei elf Spielen in sieben Tagen. An einem Tag drei Spiele zu sehen, setzt natürlich voraus, hundertprozentig organisiert zu sein. Welcher Zug fährt wo ab, wie geht es dann mit dem Bus weiter oder brauche ich ein Auto, muß ich vielleicht fliegen, damit das reicht? Und dann versuche ich das mit möglichst wenig Geld, vielleicht sogar mit null Mark, zu machen. Jetzt bin ich ein Jahr lang überall reingekommen, ohne Eintritt zu bezahlen – außer in Hamburg, da bezahle ich immer. Wie das funktioniert, will ich nicht erzählen. Aber vor zwei oder drei Jahren habe ich meinen Mitgliedsausweis vom HSV genommen, da war nur das Vereinsabzeichen drauf, darunter mein Name und die Mitgliedsnummer, und mich damit fürs Spiel Panathinaikos Athen gegen Roter Stern Belgrad akkreditieren lassen. Das ging problemlos. Da sind wir am Tag vorher zur Pressekonferenz gegangen. Ich hatte eine große Kameratasche dabei, bin mit einem Freund da rein, haben uns dazugesetzt, den Block rausgeholt und so getan, als ob wir kräftig mitschreiben. Der Präsident und die zwei Trainer haben vorne gelabert, aber das haben wir sowieso nicht verstanden. Danach ging die Tür auf, ein kaltes und warmes Büffet wurde reingeschoben, und dann kam der Präsident und meinte, wir sollen uns doch bitte bedienen. Da haben wir erst mal richtig reingehauen, danach bekamen wir noch unsere Karten fürs Spiel. Die waren in Plastik eingeschweißt, sahen ganz gut aus, alles mit griechischen Buchstaben. Das einzige, was man lesen konnte, war »Press«. Und damit bin ich lange Zeit im Ausland überall reingekommen, egal wo. Inzwischen mache ich das aber professioneller. Wie, das sage ich aber nicht. Das sind schon ein paar tausend Mark, die ich so gespart habe. Aber das tut den Klubs bestimmt nicht weh, außerdem schreibe ich ab und zu für die Fan-Magazine Artikel über meine Fahrten. Es ist also nicht so, daß ich nur ein schwarzes Schaf bin.

Die ganzen Leute, die auch viel fahren, die würden gerne wissen, wie ich das mache. Für Deutschland hatte ich, bis es Anfang '95 abgeschafft wurde, das Tramper-Monatsticket. Da konnte man für 350 Mark soviel fahren, wie man wollte. Im Ausland hole ich mir natürlich immer das Kursbuch oder die Inlandsfahrpläne und die Preise. Da kann man unheimlich sparen. Wenn ich nach Prag fahre, löse ich nur die Fahrkarte von der Grenze bis dort und wieder zurück, die kostet gerade mal sechs Mark. Wenn ich jetzt noch 'ne Stange Zigaretten mitbringe und die hier verkaufe, habe ich sogar noch ein Geschäft gemacht.

Trotzdem: Wie kann ich es jetzt noch schaffen, die Fahrtkosten, die unheimlich viel Geld verschlingen, zu reduzieren? Es ist schon vorgekommen, daß ich mich Freitag mittag hier an die Autobahn gestellt habe und losgetrampt bin, war am Samstagabend beim spanischen Pokalendspiel in Valencia, bin schwarz mit dem Zug zurückgefahren, dabei haben sie mich in Frankreich erwischt, rausgeflogen und bin dann Sonntag mittag von Frankreich aus zurückgetrampt. Ich bin also für null Mark runter und war bei dem Spiel. Das muß man erst mal schaffen. Das spornt die anderen noch mehr an. Mit einem normalen Job geht das natürlich alles nicht. Ich habe Schule bis zur neunten Klasse gemacht, danach eine Bäckerlehre angefangen, die aber nach einem Jahr abgebrochen. Dann bin ich in die Fabrik, habe da gearbeitet und bin am Freitag, Samstag, Sonntag immer zum Fußball gefahren und am Mittwoch zum Europapokal, wenn das war. Ich hab die normalen 30 Tage Urlaub gehabt, habe aber immer mal zwischen ein und drei Monaten unbezahlten Urlaub gemacht, um längere Reisen zu machen. Da war ich in Singapur, Australien, Afrika, Südamerika. Zwischendurch war ich auch mal ein Jahr arbeitslos. Im Moment habe ich einen Job in einer kleinen Metallfirma, da kann ich auch unbezahlten Urlaub nehmen, wenn ich den brauche. Aber das ist ein Job nebenher. Ich würde gerne eine Ausbildung zum Fotografen machen, am besten Sportfotograf. Dann könnte ich das Hobby zum Beruf machen.

Um die Fahrten zu finanzieren, mache ich noch ein paar Sachen nebenbei. Ich bringe immer Souvenirs mit. Es gibt Liebhaber, die bezahlen bis zu 50 Mark für eine Stadionzeitung oder für Anstecknadeln. Die reißen sich um ein Hochglanzprogramm aus Singapur – je exotischer desto besser. Außerdem verkaufe ich Autos nach Osteuropa. Dann suche ich hier in den Anzeigenblättern nach Autos, die zu verschenken sind. Heute muß man eine Gebühr bezahlen, wenn man ein

Auto verschrotten lassen will. Deshalb verschenken viel Leute ihre alten Autos. Und mit denen fahre ich dann nach Polen, Rumänien oder Albanien und verkaufe das da für dreihundert Mark. Meistens geht es dabei um die Ersatzteile zum Ausschlachten. Dann bin ich drei oder vier Tage unterwegs, und es hat nichts gekostet.

Die anderen möchten einem da nacheifern, aber irgendwo sind jedem seine Grenzen gesetzt. Ob man dann noch, wie ich, durch die Sahara trampt und sich dann in Schwarzafrika ein paar tausend Kilometer auf dem Fahrrad abstrampelt, das muß jeder selbst wissen. Ich bin in der Vereinigung deutscher Groundhopper. Wir haben über vierzig Mitglieder, darunter auch Österreicher, Leute aus Dänemark, England, ein Belgier. Das ist natürlich gut, daß man jemand in diesen Ländern hat, der einem Informationen beschaffen kann. Der weiß auch, ob ein Spiel verlegt worden ist, wann der genaue Anstoß ist. Wir versuchen, so eine Art Informationsnetz aufzubauen, wo man sich gegenseitig helfen kann. Wir machen auch unser eigenes Magazin, wo wir sämtliche Erstliga-Terminpläne aus ganz Europa abdrucken, das geht sogar runter bis zur zweiten Division in Italien. Dazu trägt jeder bei. Wenn jemand in Rumänien ist, bringt er halt den Spielplan von da mit. Wenn man für so was den »Kicker« anruft, nehmen die einen gar nicht ernst. Da kriegt man zu hören: »Wir lassen uns doch nicht veräppeln.«

Um bei uns Mitglied zu werden, muß man mindestens hundert Grounds vorweisen, wo man Spiele gesehen hat und zehn Länderpunkte haben. Man muß also in zehn Ländern außerhalb der Bundesrepublik bei Spielen gewesen sein. Das müssen aber Erstliga-, Europapokal- oder Länderspiele sein und nicht irgendein A-Jugend-Spiel auf Jamaica. Man muß durch eine Postkarte, Eintrittskarte oder Stadionzeitung beweisen, daß man in der Stadt war, den Ground gesehen hat und natürlich auch ein Spiel dort. Sonst könnte man sich innerhalb einer Woche alle Stadien in einem Land angeschaut haben. Das zählt nicht. Wenn es mal rauskommt, daß einer behauptet, er war beim Spiel und man kann ihm nachweisen, daß er nicht da war, dann verliert er seine ganze Glaubwürdigkeit. Aber wer soviel fährt, hat das gar nicht nötig.

Wir werden wahrscheinlich die Aufnahmebedingungen verschärfen, denn zehn Länderpunkte macht man relativ schnell. Wenn man allein die Länder nimmt, die an Deutschland grenzen, kommt man dem schon schnell nahe. Manche sind bei uns drin, fahren dann aber nur zu zehn Spielen im Jahr. Das sind in meinen Augen keine Groundhopper. Die sind zwar in der Szene aktiver als ein normaler Fan, aber bei unseren Mitgliedern sind vielleicht zwanzig wirklich Gute dabei und zehn Extreme, die für den Fußball alles in Kauf nehmen: Ihren Arbeitsplatz verlieren oder die achte Freundin. Die geben alles dafür, daß sie zum Fußball fahren können.

Warum man das macht? Das Erlebnis spielt eine wesentliche Rolle. Das fängt schon damit an, die Fahrt zu planen, wie komme ich da jetzt hin, die Fahrt selber und natürlich das Erlebnis im Stadion. So eine Atmosphäre wie in Mailand oder Madrid, das gibt es in der Bundesliga nicht. Dortmund kann da annähernd mithalten, aber wenn man das zehnte Mal nach Dortmund gefahren ist, dann ist das nichts Besonderes mehr. Das ist, wie wenn man jeden Tag zur Arbeit geht. In Spanien oder Italien sind die Fans einfach heißblütiger. Spiele in Tschechien oder Polen haben dieses Flair natürlich nicht. Aber ein weiterer Aspekt ist, daß man seine Ziele – hab ich ja schon gesagt – immer höher steckt. Ich werde der erste sein, der Europa komplett hat. Und jetzt fang ich schon an, die einzelnen Ligen komplett zu machen. Die Stadien der ersten Liga in Italien, Polen und Tschechien habe ich schon komplett.

1994 zum Beispiel habe ich 150 Spiele gesehen, davon hundert im Ausland und zwar – laß mich mal aufzählen – in Mexiko, Kanada, USA, England, Irland, Nordirland, Holland, Belgien, Frankreich, Italien, Schweiz, Österreich, Liechtenstein, Ungarn, Tschechien, Slowakei, Polen, Lettland, Litauen, Estland, Ukraine, Weißrußland, Rußland, Serbien, Kroatien, Slowenien, Mazedonien, Moldawien und Albanien. Das sind 29 Länder, ach, und Portugal. In Europa fehlen mir jetzt nur noch San Marino, die Färöer-Inseln, Bosnien und Aserbaidschan und Armenien, die gehören ja auch noch zur UEFA. Ich habe inzwischen auf allen Kontinenten Spiele gesehen. In Asien war ich, in Japan, in den Arabischen Emiraten, Singapur, Malaysia, Thailand und Indonesien. Und dann war ich noch in Korea, aber das war 'ne glatte Sechs, da ist das Spiel ausgefallen. Das ist mir in Moskau auch mal passiert, da war das Spiel freitags anstatt samstags. Aber das kann auch in Frankreich passieren oder sogar hier. Ich bin auch schon zweimal umsonst nach Dortmund gefahren. Das wird am Freitagmittag um zwölf Uhr durchgegeben, ich muß aber um elf los, im Zug erzählt mir das natürlich niemand. Ob das nun in Seoul, Moskau oder Dortmund passiert, das ist halt Pech, dumm gelaufen.

Angefangen hat das mit den größeren Reisen durch den HSV. Mit denen war ich in Costa Rica, El Salvador und Honduras, als sie dort ihr Wintertrainingslager hatten. Da bin ich auf eigene Faust hin und hab sie begleitet. Den Flug habe ich zwar selbst bezahlt, aber ich habe bei denen im Hotel umsonst übernachtet, hab mal ein Essen bekommen, durfte mal zum Training, hab Freikarten für die Spiele gegen die Nationalmannschaften von Honduras und Costa Rica bekommen. Das war echt bombig. Ich bin immer noch HSV-Fan, das ist nicht nur Sammelleidenschaft. Es geht mir immer schlecht, wenn der HSV verliert. Ein Wutanfall, das kann passieren. Ich leide und fieber immer noch mit, auf jeden Fall. Der Fußball interessiert mich natürlich auch sonst noch. Ich würde niemals zu dem Spiel fahren, nur um das Stadion gesehen zu haben, also zum Spiel des Vorletzten gegen den Letzten. Ich warte bis eine schlechte Mannschaft gegen eine gute spielt. Also wenn Lommel gegen Anderlecht spielt oder in der Tschechei Benesov gegen Sparta Prag. Da kommen auch mehr Zuschauer, und es sind Spieler dabei, die man kennt. Ich mach mir auch Notizen, wie das Spiel geendet hat und ob was Besonderes passiert ist.

Die längste Reise ging nach Afrika. Da war ich in Ägypten, beim Länderspiel der deutschen Mannschaft in Tunesien, in Algerien bei einem Ligaspiel, in Niger beim Spiel zwischen Meister und Pokalsieger. In Burkina Faso habe ich ein Länderspiel gegen Mali und zwei Ligaspiele gesehen, im Senegal zwei Ligaspiele, in Gambia ein Länderspiel gegen Mauretanien. Guinea-Bissau und Guinea haben leider nicht gespielt, weil sie an dem Westafrikanischen Cup teilgenommen haben, zu dem ich nicht nach Sierra Leone reingelassen worden bin. Da bin ich von Conakry, der Hauptstadt von Guinea, mit dem Fahrrad zur Grenze nach Sierra Leone gefahren und war auch schon fast an dem Grenzposten vorbei, da haben die mich erst gesehen. Sind hinter mir hergelaufen, haben mich vom Fahrrad gezogen und das Rad gleich weggenommen. Das Problem war, daß die Grenzen wegen der Präsidentenwahl geschlossen waren. Niemand sollte raus und rein, das haben sie mir hinterher bei der Botschaft erklärt. Außerdem hatte ich keinen Einreisestempel im Paß. Ich bin nämlich über einen Grenzpunkt eingereist, wo wahrscheinlich noch nie zuvor ein Weißer angekommen ist. Die waren völlig aufgeregt, hatten aber nicht mal einen Stempel. Also war ich illegal da. Als ich dann an der Grenze nach Sierra Leone war, haben sie ganz wild auf mich eingeredet, aber ich habe die nicht verstanden und die mich nicht. Irgendwann haben sie mein Fahrrad geholt, es in Richtung Conakry hingestellt, und dann hat einer seine Pistole rausgeholt und sie mir an den Kopf gehalten. Damit war klar, daß sie mich erschießen würden, wenn ich noch mal versuchen würde, das Land zu verlassen. Da hatte ich dann die Nase voll, bin nach Conakry zurück und von da aus nach Deutschland geflogen. Und das Spiel in Sierra Leone hatte ich auch verpaßt.

Ob ich verrückt bin? Was ist denn heute noch normal? Irgendwo hat jeder sein Hobby. Das Problem ist, daß die Leute von sich selber ausgehen. Die können auch nicht begreifen, wie einer ein halbes Jahr arbeitet und die andere Hälfte in der Welt herumreist. Die gehen auch von dem Geld aus, was sie für zwei Wochen in Mallorca brauchen. Das kostet die so ungefähr 2.000 Mark. Dafür komme ich aber bis nach Asien, fahre dort in zwei Monaten durch fünf Länder und fliege wieder zurück.

Es ist auch so, daß ich von dem Land was mitkriege. Wenn ich irgendwo neu bin, begutachte ich zuerst immer das Stadion und den Bahnhof, den übrigens auch, wenn ich mal mit dem Auto fahre. Das sind die beiden wichtigsten Gebäude der Stadt - und der McDonalds. Ich versuch' natürlich schon, was von der Stadt mitzubekommen. Manchmal ist ja auch zwischendrin ein Tag Pause. Aber ohne den Weg, ohne die Strapaze wäre das beste Spiel nur halb so interessant. Und umgekehrt gilt das natürlich genauso: Nur die Reise ohne den Fußball, wäre auch nichts wert. Ich käme nie auf die Idee, nach Albanien zu fahren, ohne da ein Spiel zu sehen. Aber eben nur das Spiel zu sehen, wie die Neckermänner das machen, wäre mir auch zu schade. Ich bin schon interessiert daran, wie es in den Ländern aussieht, wie die Leute sind.

Ich könnte im Moment, glaube ich, nicht aufhören. Das ist schon eine Sucht geworden. Ich habe unheimlich viel Geld und Zeit in die Sache investiert. Und was noch wichtiger ist, ich habe auf vieles verzichtet. Andere in meinem Alter fahren kein Auto unter 80 PS, haben Videorecorder oder so. Aber das und Fußball zusammen, konnte ich mir bislang noch nicht leisten. Ich habe zwar eine Freundin, aber andere sind immer mit ihren Freundinnen zusammen. Bei Birgit und mir ist das auf ihre dreißig Tage Urlaub begrenzt oder unter der Woche, wenn ich da bin. Mit ihr bin ich schon seit 1989 zusammen, also zur gleichen Zeit, wo das alles angefangen hat. Vielleicht hat es deshalb gehalten, weil wenn wir zusammen waren, es intensiver war und wir mehr an der Beziehung gearbeitet haben als normal. Außerdem haben wir gemeinsame Reisen nach Mexiko oder Israel gemacht, und das verbindet auch stark.

Was meine Eltern davon halten? Das mit meiner Familie ist etwas schwierig, die ist nämlich ganz modern. Bis auf zwei Geschwister haben wir alle unterschiedliche Väter, es gibt vier Väter für uns fünf Geschwister. Bis auf meinen großen Bruder hier in der Nachbarstadt, wohnen wir über die ganze Republik verteilt. Meine Schwester habe ich zum ersten Mal mit 19 Jahren gesehen. Zu meiner Mutter habe ich gar keinen Kontakt, die hab ich nie gesehen. Ich bin bei meiner Großmutter aufgewachsen. Die ist gestorben, als ich unterwegs war. Davon habe ich erfahren, als ich in Tunesien war, habe Hals über Kopf die Reise unterbrochen. Ich bin noch gerade rechtzeitig zur Beerdigung gekommen und dann wieder zurück nach Afrika. Und zu meinem Vater habe ich auch wenig Kontakt, den sehe ich vielleicht fünfmal im Jahr. Es ist nicht so, daß wir uns nicht verstehen, es hat mehr zeittechnische Gründe.

Ich hab da schon mit meiner Freundin drüber gesprochen, daß ich damit wohl nie aufhöre. Jedenfalls nicht damit, zum HSV zu fahren. Aber es kommt bestimmt der Zeitpunkt, wo ich den Groundhoppern »Tschüß« sage. Wenn man alles gesehen, alles erreicht hat, was soll man dann noch machen? Beckenbauer hat mal gesagt: »Wenn man alles erreicht hat, ist es Zeit aufzuhören.«

Ein Fußballfan in der DDR zwischen Stasi und Fußball, Politik und Gewalt. Raik P. sagt: »Das war keine artikulierte Opposition. Es ging mehr darum, seinen Frust auf spaßige Art und Weise loszuwerden. Und um Provokation.«

Den Verein, den Raik früher unterstützt hat, gibt es nicht mehr, und Raik ist in den letzten zehn Jahren nur noch wenige Male im Stadion gewesen. Der BFC Dynamo Berlin war Rekordmeister der DDR und der einzige Klub der Fußballgeschichte, der zehn Meistertitel in Folge gewinnen konnte. Stasi-Chef Erich Mielke war Vorsitzender und erster Fan, sein Vorzeigeklub, dem Manipulationen bei den Seriensiegen unterstellt wurden, ein rotes Tuch für die Fußballfans in der DDR. Ich traf Raik, als ich für eine Radiosendung die Geschichte des Klubs recherchierte, bei dem auch die Fans eine besondere Rolle spielten. Denn gerade beim BFC entwickelte sich Ende der siebziger Jahre eine Fanszene, die für den SED-Staat eine Provokation bedeutete. Acht Jahre lang, bis zu seiner Inhaftierung 1984, war Raik dabei. Danach war mit Fußball Schluß, und er schloß sich oppositionellen Kirchengruppen an. Raik heißt nicht so.

Bei mir hat das 1976 angefangen, als ich noch in der Schule war. Der BFC hat damals noch am Sportforum in Hohenschönhausen gespielt, das ist etwas außerhalb der Stadt gelegen. Das war bei uns in der Nähe, was aber nicht der einzige Grund war, warum ich gerade dahin gegangen bin. Es gab in Berlin noch einen zweiten Verein, der von den Fans und vom Zuschauerzuspruch her viel größer gewesen ist – Union. Bei denen war ich anfangs auch öfter mal, aber da hat mir die Spielart nicht ganz so gefallen und die Fans auch nicht. Das war zwar eine große Masse, allein drei- bis viertausend echte Fans, aber die waren mehr so die Prolofans. Da lief alles etwas plump ab, ohne Einfälle, eigene Sprüche oder Gesänge. Beim BFC waren anfangs kaum Fans, vielleicht fünfzehn Mann. Dabei hat der BFC sich viel Mühe gegeben, Zuschauer zu bekommen – man konnte sogar kostenlos Fahnen ausleihen. Aber aufgrund der Unterstützung durch das MfS (Ministerium für Staatssicherheit, sprich: Stasi, Anm. d. A.) sind wenig Zuschauer gekommen, und der Verein war immer ein bißchen diskreditiert. Für uns war aber nicht das MfS ausschlaggebend. Wir wollten eine kleine Truppe mit gutem Zusammenhalt sein, um etwas gegen andere Leute powern zu können. Die Fans beim BFC, die in der Zeit dazukamen, waren meistens Kinder, deren Eltern im höheren Staatsapparat oder in der Intelligenz tätig waren. Normale Arbeiterkinder hast du da kaum gefunden. Da waren nur, in Anführungsstrichen, Leute aus der höheren Schicht dabei.

Ich gehörte zwar dazu, aber eben deshalb war mir verwehrt zu studieren. Meine Eltern hatten als Ärzte beide studiert, und es hieß ja immer „Arbeiterkinder an die Hochschulen", was ich eben nicht war. Also war ich vom Erziehungssystem schon früh frustriert und hatte bereits in der 3. Klasse aufgegeben, mich abrichten zu lassen. Ab der 5. Klasse ging es bei mir dann auch notenmäßig bergab. Vorher stand ich immer »Eins«, und am Ende, in der 10. Klasse, war ich dann bei 'ner »Fünf« angekommen. Eine Lehrstelle war auch nicht zu bekommen. Darum kämpfen wollte ich auch nicht, das war dann so eine Null-Bock-Stimmung. Ich wußte von der Berufsberatung, daß ich Schneider oder Gärtner hätte werden können, und dazu hatte ich keine Lust. Also bin ich dann zur Eisenbahn, das kannte ich von der Modelleisenbahn. (lacht) Hab mir gedacht, daß da nur Idioten sind, und das stimmte auch. Es ging ohne Mühe. Wie beim Fußball, da war auch alles leicht.

Als der BFC vom Sportforum in den Jahn-Sportpark am Prenzlauer Berg umgezogen ist, kamen mehr Leute dazu und Dynamik in die Sache. Es war für die Leute aus »Mitte« leichter, die Spielstätte zu erreichen. Da haben sich dann auch mehr Fanklubs gebildet. Manche waren mehr auf Gewalt aus, andere wieder ruhiger, mehr auf DDR-Niveau. Das war ein riesenweites Spektrum, aber es gab keine Rivalitäten unter den Fans.

Das mit dem Fahnenverleih gab es dann zwar nicht mehr, dafür aber einen Fanbetreuer, der Klub wollte schließlich immer besonders gut sein. Aber es war typisch DDR, daß der Fanbetreuer nicht Fanbetreuer genannt werden durfte. Fans gab es schließlich nur im Westen, das war was Dekadentes. Und so hieß der dann »Fußballfreundebetreuer« oder so was in der Richtung. Total obskur! Wir haben uns dann trotzdem Fanklub genannt, weil wir sowieso unser eigenes Ding durchgezogen haben. Wir haben z. B. kleine Stickereien ausfindig gemacht, die uns Aufnäher gemacht haben. Auf die Dinger waren die Leute in der DDR ganz scharf, die waren so gut, daß sie gedacht haben, die wären aus dem Westen. Auch bei den Fans, die aus dem Westen rüberkamen – wir haben Kontakt nach Dortmund gehabt –, waren das begehrte Sammelobjekte.

Die Gewalt gegen uns war permanent. Wenn Du als BFC-Fan nach Aue gefahren bist, warst du verschrieen als Stasi, als Stasi-Fan, Stasi-Spitzel oder sonst was. Du mußtest überlegen: Was kannst du in Aue machen, wie kannst du dich wehren? Als noch eine kleine, überschaubare Gruppe losgefahren ist – 100–200 Mann –, war die Gewalt nur ein Thema, wenn wir angegriffen worden sind. Unsere Verteidigung war allerdings einigermaßen intelligent, also nicht mit Eisenstangen und Messern. Wir haben überlegt, wie wir die Leute schocken können, um der Gewalt aus dem Weg zu gehen.

Also haben wir uns teilweise auch Stadtpläne angesehen, um Treffpunkte der heimischen Fans herauszukriegen und da präsent zu sein. Wir wollten nicht durch Gewalt auffallen, sondern ein bißchen psychologisch wirken. Also sind wir nicht als Gruppe aufgetreten und haben gesagt: So, jetzt kommt es zu einer Schlägerei! Wir haben uns überlegt, von welchem Punkt wir kommen müssen, mit wieviel Leuten und wie wir brüllen müssen, um die Leute in die Flucht zu schlagen.

In Leipzig sind wir mit zehn Leuten an den Fanblock ran, haben die Ausgänge besetzt, von oben gebrüllt und uns runtergestürzt. Die haben geglaubt, da kommen Hunderte von Leuten an, die jetzt den Fanblock auseinandernehmen. Dabei waren wir nur zehn Leute. Und davor sind sie weggelaufen und haben eine Massenpanik verursacht. Irgendwann gab es dann Märchen und Gerüchte um uns, die wir auch immer am Kochen gehalten haben.

Ich habe es nie so gesehen, Fan eines Stasiklubs zu sein. Ich hab's irgendwo verdrängt, wie in der ganzen Gesellschaft verdrängt wurde. Diese Doppelbödigkeit des Lebens in der DDR. Daß Mielke seine Hände da mit drin hat, habe ich auch relativ spät mitbekommen, und hinterher hat es mich auch nicht groß gestört. Eher war es ein Reiz, wenn du irgendwo-

Nachwende-Bekenntnis eines Hansa Rostock-Fans

111

hin gekommen bist. Da war eine ganz aggressive Stimmung gegen dich. Wir waren so ein bißchen der Blitzableiter für die Leute in der DDR.

Beim BFC waren auch die ersten DDR-Punks mit dabei. Ich kann mich noch erinnern, als wir nach Aue runtergefahren sind, daß zwei von unserem Fanklub Punks waren. Da haben die Leute wirklich die Jalousien runtergelassen und gedacht, jetzt kommen ein paar Verrückte, Außerirdische. Wir haben in keiner Gaststätte was zu trinken gekriegt, die haben uns fast rausgeprügelt. Wir hatten auch Kontakt zu Punks aus Weimar. Mit denen haben wir mal den Bahnhof vollgesprüht und Kaliumpermanganat in den Brunnen auf dem Vorplatz getan. Danach war der ganze Platz mit lila Schaum eingesaut. Das war natürlich keine artikulierte Opposition. Es ging mehr darum, seinen eigenen Frust auf spaßige Art und Weise loszuwerden. Und um Provokation. Wie bei den Namen der Fanklubs. Provokation: Ob du nun »White Power« nimmst oder »Black Eagles« oder »Die Ratten«. Oder wie bei den Aufnähern. Da waren meist englische Slogans drauf, wo doch die Besinnung auf die deutsche Sprache galt. Da war die Polizei relativ scharf drauf und hat uns die Dinger abgenommen. Bei Auswärtsspielen ist es sogar passiert, daß Westen mit Vereinsemblemen als westlich dekadent eingezogen worden sind. Das war schon schräg!

Die Gewalt im Stadion nahm Ende der 70er, Anfang der 80er Jahre zu. Wann die genaue Bruchstelle war, weiß ich nicht mehr. Als die Masse der BFC-Fans Anfang der 80er Jahre immer größer geworden war, kamen plötzlich sämtliche Dörfer um Berlin im Stadion zusammen. Bei denen war die Bereitschaft größer, Saufen zu fahren und sich vielleicht noch rumzuprügeln. Irgendwann waren wir mal dreitausend Leute in Dresden, und bei solchen Gelegenheiten ist die Gewalt dann explodiert. Es gab sehr viele Schlägereien, oft auch Schwerverletzte, und sogar Tote soll es gegeben haben. Insgesamt ist aber der Zusammenhalt verlorengegangen. Die kleineren, alten Fangruppen haben sich dann auch vom Troß abgesetzt, in den vom BFC eingesetzten Fanzügen etwa sind wir meistens nicht mehr mitgefahren.

Als wir unseren Ruf weg hatten, ist auch viel mehr Polizei im Einsatz gewesen. Nach außen hin sollte der BFC schließlich die DDR darstellen. Da konnte es natürlich nicht sein, daß der Klub prügelnde Fans hat. Von der Berliner Staatssicherheit sind deshalb unheimlich viele Leute mitgefahren. Das war hinterher, ab '81, ganz extrem. Die meisten Fans wurden dann in eine Ecke gedrängt. Man wollte die Fanszene befrieden und hat sie zu einem Großteil kriminalisiert.

Ich hatte von '79 bis '84 auch Kontakt mit der Stasi. Die klingeln an deiner Tür und sagen, sie würden sich gerne mit dir unterhalten. Wenn du 'nen Arsch in der Hose hast, sagst du »Nein!« Aber ich hatte den nicht. Also hab ich mich mit denen ziemlich regelmäßig getroffen. Meistens waren das lapidare Gespräche. Es ging um Gott und die Welt, aber wenn bestimmte Fragen immer wieder auftauchten, wußte man, worum es ging. Und wenn bestimmte Namen auftauchten, war klar, daß die Leute auf der Abschußliste stehen. Wenn die also scharf darauf waren, zu erfahren, wer im Zug mit nach Chemnitz fährt, war klar, daß da was passiert. Das habe ich auch mit meinen Leuten vom Fanklub durchgesprochen, was eine reichlich heiße Kiste gewesen ist.

In dem Fall mit Chemnitz haben wir vorher besprochen, daß wir nicht im offiziellen Zug mitfahren, und ich habe eine Gruppenfahrt über Dresden nach Chemnitz organisiert. Das ist zwar ein riesiger Umweg, es hat sich aber gezeigt, daß die Polizei die anderen Berliner Fans in Empfang und einen Teil festgenommen hat. So habe ich ab und zu Leute warnen können. Bei dieser Chemnitz-Fahrt waren drei Mann auf unserer Route dabei, die sonst wohl verhaftet worden wären.

Damals habe ich mir eingebildet, niemals jemanden

angeschissen zu haben. Heute sehe ich das ganz anders, obwohl ich es nicht weiß. Für mich war das ein bißchen Spiel, während das Leben sonst eher dahinplätscherte. Das ist vielleicht auch einer der Gründe, warum Leute IMs geworden sind. Ein Reiz lag darin, Macht zu haben, man wurde aufgewertet. Endlich konnte man jemand sein. Vorher waren sie eine graue Maus, so wie alle. Und für mich war es damals der Reiz des Katz-und-Maus-Spiels. Aber eh' man sich versieht, ist man selbst die Maus. Wenn man sich auf solche Spiele einläßt, hat man schon verloren.

Ich habe erst viel später gemerkt, wie gefährlich es war. Bei mir ging es bis zur Inhaftierung. Ich war '84 ohne Verfahren für ein halbes Jahr im Knast, was damals möglich war. Da habe ich gemerkt: Mit dem Staat kannst du nicht rumspielen, sondern mußt konstruktiv etwas machen. Beim Fußball Spaß haben, Polonaise tanzen, Polizei ärgern, Stasi in die Irre führen und dann noch ein paar Zonis erschrecken, reicht nicht. Insofern war der Knast für mich die Notbremse. Im nachhinein kann ich sagen, daß ich glücklicherweise dieses halbe Jahr gehabt habe, sonst wär' ich aus dem Kreis nicht rausgekommen. Da ist mir einiges klargeworden. Meine Eltern haben mich in der Zeit auch gut unterstützt, obwohl vorher das Verhältnis nicht sehr gut war. Das Verhältnis zu ihnen war ähnlich wie bei unseren Leuten, deren Eltern bei der Stasi gearbeitet haben. Das waren meist auch nicht einfache Kontrolleure, die saßen eher in den Schaltzentralen. Und etliche hatten schon mit ihren Kindern gebrochen. Meine Eltern waren zwar nicht von der Stasi, aber die haben auch gesagt: »Wenn Du da weitermachen willst, mach das. Aber ohne uns.« Bei sehr vielen, die aus staatlichen Kaderfamilien kamen, gab es einen Bruch mit den Eltern. Viele sind später entgleist und auf die kriminelle Ebene geraten. Die wurden verhaftet für irgendwelche Kleinigkeiten und kamen dann in Knast.

Wenn ich heute einige der Leute sehe, dann bin ich teilweise erschrocken, was aus denen geworden ist. Die Gesichter sind ganz zerstört. Durch Sauferei und die ganzen äußeren Umstände haben sie den Absprung nicht mehr gefunden. Die haben sich gegenseitig im Knast besucht, waren bei Gerichtsverhandlungen dabei. Du gehst zu ihrem Prozeß, zu deinem Prozeß kommen sie auch wieder hin. Nach eineinhalb Jahren holen sie dich ab, und dann geht es weiter mit Sauferei und Fußball. Das war so ein Kreislauf. Als ich rausgekommen bin, habe ich zwar noch Kontakt zu meinem Fanklub gehabt, bin aber nicht mehr zum Fußball gegangen. Zum Empfang nach dem Knast gab es beim Fanklub ein Fest für mich, aber da habe ich schon gemerkt, daß der Draht nicht mehr da war. Im Knast habe ich bestimmte Punkte rekapituliert und mich gefragt: Welche Spur hast Du eigentlich hinterlassen? Und was ich festgestellt habe, war unheimlich viel Leere. Was war, außer daß ich 15 oder 16 halbe Liter Bier trinken konnte? Gibt es nicht sinnvollere Sachen, als zum Fußball zu gehen? In der Zeit habe ich mir überlegt, konstruktiv was zu machen. Das war eigentlich das Wichtigste.

Nach der Haftentlassung 1984 bin ich von der Stasi wieder angegangen worden. Aber da war für mich klar: Mit den Leuten nicht mehr. Damit war Schluß. Ich hab' dann auch bei der Reichsbahn gekündigt und bei der Volkssolidarität angefangen. Das war so was wie die Arbeiterwohlfahrt im Westen. Ich habe für Omis eingekauft und so. Da hatte ich Zeit und Ruhe, mich zu orientieren. Ich hab' geguckt bei den Kirchen, bei deren Aushängen. Wo ist was? Was ist interessant? Da bin ich über einige Ecken zu dem Pfarrer Gartenschläger und dem Friedenskreis gestoßen, und habe dann mit Friedens- und Umweltarbeit angefangen. Und mit dem Fotografieren. Da gab es eine Öko-Gruppe, die einen Umweltkalender gemacht hat, da habe ich mich eingeklinkt. Später gab es die Umweltbibliothek in der Zionskirche, beim

Palme-Marsch habe ich etliche gute Leute kennengelernt. Na, diese ganzen Geschichten.

Die Zeit beim Fußball war schon nicht schlecht, aber es war etwas zu lang. Drei Jahre hätten auch gereicht.

Günther Janssen liebt Musik und Fußball:
»Paul Breitner ist ungefähr mein Jahrgang. Auch wenn
der mal mit der Mao-Bibel abgebildet wurde, brauchte
mein Vater mich vor dem nicht zu warnen.«

Schon etliche Male habe ich mit Günther zusammen im Stadion gestanden. Und nie hat er das schöne Halbzeitritual vergessen. Pfeift der Schiedsrichter zur Pause, zaubert Günther für jeden einen Apfel aus der Tasche, teilt die Tafel Schokolade (immer: »Ritter Sport« Vollmilch) in gleiche Teile, und zum Schluß gibt es ein »Orbit«-Kaugummi, das grün-weiße ohne Zucker. Grün-weiß wie Werder Bremen. Günther mag Rituale und feste Abläufe. Seit fast dreißig Jahren stehen er und sein Bruder Gerd auf ihrem Platz im Weserstadion. Seit über zwanzig Jahren bedeutet das lange Fahrten. Erst von Hannover aus und jetzt von Köln, von wo es bis zum Weserstadion und zurück rund 650 Kilometer sind. »Die richtig schlechten Witterungsverhältnisse fangen oft gerade dann an, wenn die Winterpause vorbei ist. Vor einigen Jahren bin ich beim Schneetreiben in der Höhe von Osnabrück fast in einen Unfall verwickelt gewesen. An einem Tag, wo sie gegen Saarbrücken gespielt hatten, und es um nichts mehr ging. Aber ich mußte hin, denn auf irgendwelche Arbeiten hätte ich mich nicht rausreden können. Und danach mußte ich sogar direkt wieder zurück. Sonst besuche ich nach dem Spiel oft meine Mutter, sie wohnt nur eine halbe Stunde von Bremen entfernt.«

Von seinen »beiden großen Leidenschaften« hat Günther nicht den Fußball zum Beruf gemacht, sondern die Musik. Er nimmt mit seiner Frau zusammen im Heimstudio Platten auf und moderiert Musiksendungen beim WDR und Deutschlandfunk, in die er gerne kleine Bemerkungen über Fußball einschmuggelt.

Ich bin eigentlich immer zum Fußball gegangen, bis auf eine eine Phase Mitte der siebziger Jahre, wo ich am wenigsten Lust hatte. Damals löste man sich teilweise auch gegen seine eigenen Bedürfnisse von der Vergangenheit oder dem Elternhaus. Ich wohnte damals in Hannover fast durchgehend in

Wohngemeinschaften, und da änderte sich das Leben so grundlegend – von mir auch noch ideologisch verstärkt –, daß ich mich noch an Sonnabende erinnern kann, an denen ich die Sportschau bewußt nicht geguckt habe. Ich dachte für einen Moment, das paßt nicht. Wobei man natürlich nicht vergessen darf, daß Fußball gerade im Zusammenhang mit Jugendbewegung lange Jahre nicht so akzeptiert war wie heute. Jetzt kann man problemlos sagen: »Ich bin Fan!« Und alle sagen: »Toll!« Aber damals stand Fußball unter den Vorzeichen WG, links, alternativ, neue Lebensformen usw. eher auf der falschen Seite.

Die Phase hielt aber nicht lange an, obwohl sie auch ein wenig dadurch unterstützt wurde, daß Werder zu jener Zeit oft erbärmlich gespielt hat. Das waren die finsteren siebziger Jahre, in denen wir immer unten waren. Dann passierten auch noch solche Sachen, daß sie auf einmal nicht mehr in Grün-Weiß spielten, sondern in Rot-Weiß, also in den Stadtfarben. Ganz blöd! Außerdem haben sie komische Leute gekauft, an die sich heute niemand mehr erinnert, und es gab viele Trainerwechsel. Das war lange vor der Rehhagel-Ära. Mir schien es so, als ob die mich gar nicht mehr haben wollten. Also war ich in dieser Zeit nicht an jedem Sonnabend da, so wie jetzt. Andererseits habe ich damals mit jemand zusammengewohnt, mit dem zusammen ich im Verein Fußball gespielt habe. Wir sind also gemeinsam zum Training gefahren und zu den Spielen. Denn auf Werder und die Sportschau zu verzichten, war natürlich Quatsch, zumal mich der Verzicht darauf im Grunde unglücklich gemacht hat. Aber, wie gesagt, bis auf eine kurze Zeit war ich mir da selbst treu. Auch als wir aufs Land gezogen sind. Wir waren erst eine Vier-Männer-WG, wo alle Fußball gespielt haben. Dann sind wir mit drei Frauen raus aufs Land. Da gab es auch mal offenes Unverständnis, weil die dann merkten, wie wichtig einem ist, wie Werder gespielt hat oder Fußball im Fernsehen zu gucken. Die Frauen haben aus nächster Nähe mitbekommen, daß da wohl etwas sein muß, das wichtiger ist, als Negt und Kluge zu lesen oder über »Projekte« zu sprechen.

Wenn ich sage, daß Musik und Fußball sich als wesentliche Bestandteile und als große Leidenschaften bis heute durch mein Leben ziehen, dann ist die Musik vielleicht einen Tick vorne. Das war schon früh so. 1966 ging es im Fernsehen mit dem »Beat-Club« von Radio Bremen los. Zu der Zeit, also mit 13 Jahren, habe ich in der Schülermannschaft des TuS Sulingen gespielt, bei uns im Ort, das ist eine halbe Stunde von Bremen weg. Die Beat-Musik hat mich damals so gepackt, daß ich mich bei der Mannschaft ein paarmal habe verleugnen lassen oder krankgestellt habe, um die Sendung zu sehen. Ich fühl' mich heute noch ganz mies, wenn ich mich an diesen Sonnabendnachmittag erinnere, wo um zwei Uhr alle bei uns vor der Tür standen, um mich zum Spiel abzuholen. Ich konnte von hinter der Gardine meine Mitspieler in den Autos sehen. Meine Mama mußte dann sagen, daß ich krank bin. Das war ein ganz schrecklicher Konflikt, aber ich wollte halt lieber den »Beat-Club« gucken.

Es gab bei Werder mal einen, der war wohl auch zwischen Fußball und Musik hin- und hergerissen, nämlich Dieter Zembski. Der konnte sich jahrelang nicht entscheiden, ob er nun richtig bei Werder spielen wollte oder lieber in einer Beatband. Er war nämlich Schlagzeuger bei den Mushrooms. Die waren Ende der sechziger Jahre eine beliebte Band in Norddeutschland. Irgendwann hat er sich dann allerdings für den Fußball entschieden und war auch ein ganz guter Mann. Aber der war natürlich als Fußballer kein Popstar. Überhaupt ist es schwierig, zwischen Fußballstars und Popstars zu vergleichen, obwohl es Ähnlichkeiten gibt. Mit der Bundesliga kamen damals auch neue Stars wie Radenkovic. Der dann die erfolgreichste Fußballer-Single gemacht hat, die es bis heute in Deutschland gegeben hat: »Bin i Radi, bin i

König«. Aber Fußballstars sind immer Stars von allen. Mein Vater kannte den Radenkovic auch und fand ihn gut. Richtige Popstars, die waren eher für die jungen Leute. Die Kinks, Who, Small Faces oder die Stones kannte mein Vater damals nicht. Und wenn, waren das für ihn böse Jungs, die uns verführen wollten. Der Popstar hatte immer so einen Stachel, gegen die Älteren und gegen das verkehrte Leben. Popmusik ist schließlich deshalb so verführerisch, weil da ein besseres Leben aufleuchtet, das nicht so spießig, nicht so genormt ist, wo es nicht allein um Geld geht. Man hat das Gefühl, es geht ins Freie hinaus. Das ist nicht nur ein Spiegel der Generation, sondern auch die Vision, es könnte alles anders sein. Wieso war man damals elektrisiert? »I Can Get No Satisfaction« oder »Jumping Jack Flash«, das waren nicht nur die Texte, sondern auch eine Attitüde. Bei Leuten wie George Best war das vielleicht noch so, daß es vom Fußball aus in diesen anderen Bereich von Pop und Anti-Establishment herüberragte. Oder Günter Netzer oder Paul Breitner in Deutschland. Die fand man als Fußballer gut und identifizierte sich mit denen – vielleicht auch, weil sie gleichaltrig waren. Breitner ist ungefähr mein Jahrgang. Aber das war nicht »I Can Get No Satisfaction«. Vor Breitner brauchte mein Vater mich nicht zu schützen, auch wenn der mal mit der Mao-Bibel abgebildet wurde. Als Breitner im Finale 1974 den Elfmeter für Deutschland verwandelte, hat mein Vater auch gejubelt. Da war es egal, ob Breitner das gemacht hat oder jemand wie Horst-Dieter Höttges, der eher auf der ideologischen Linie meines Vaters gewesen wäre.

Immer wenn ich eine Band hatte, dann gingen Gigs mit der Band gegenüber Fußball vor. Da wurde auch auf große Spiele keine Rücksicht genommen. Heute, wo ich Musik vor allem zu Hause im Studio mache, gibt es keine Konflikte. Bei der Radioarbeit ist das anders, denn da liegen die Einsatzpläne mit großem Vorlauf fest, weshalb ich vor zwei Jahren in der

Champions-League ganz viele Spiele verpaßt habe. Das ist natürlich bitter. Solche Spiele kann man zwar im Fernsehen anschauen, aber ich sitze trotzdem hier und ärgere mich. Es ist fast so, daß ich mich mehr ärgere, daß ich nicht da bin, als über eine eventuelle Niederlage. Ich bin hier als Mensch doch lebendig und gesund, aber kann doch nicht im Stadion sein. Ich bin nur einer von Millionen, die am Fernseher sitzen. Vielleicht hört man sogar, daß die Nachbarn das Spiel auch sehen. Natürlich fieber ich mehr mit als die, aber das Erlebnis wird mir genauso präsentiert wie allen anderen auch. Wenn ich dagegen im Stadion bin, ist das mein eigenes Erlebnis, meine Erfahrung. Ganz abgesehen davon, daß man im Stadion immer mehr mitkriegt. Es wird doch immer gesagt, daß man am Fernseher mehr sieht. Das ist Quatsch! Selbst die Zeitlupe eines Fouls kann verfälschender sein, als wenn du im Stadion den Anlauf und die Bewegung richtig gesehen hast.

Im Stadion stehe ich schon immer mit meinem Bruder zusammen. Direkt am Zaun, auf Höhe der Mittellinie. Ich bin immer früher da, weil mein Bruder in Leer noch seine Apotheke zu betreuen hat, und besetze da den Platz für uns beide. Früher war das anders, da waren wir in der Ostkurve, in der Werder-Kurve. Da mußte man nicht ganz so früh kommen. Aber der Platz hatte irgendwann sehr an Attraktivität verloren, weil sie auf die Idee gekommen waren, in den Kurvenbereich eine Uhr zu bauen. Das nahm einem die Sicht auf die Trainerbänke. Und das war auf der Seite immer schön, daß man die wunderbar beobachten konnte. Außerdem sah man vor dem Umbau der Haupttribüne von da aus die Prominenz ins Stadion kommen, andere Trainer oder alte Spieler. Wie den Horst-Dieter Höttges, der sich in der Halbzeit immer zwei Würstchen holte. Da gab es dann jedesmal den Spruch von meinem Bruder und mir: »Horst-Dieter hat den Willen zur zweiten Wurst.« Der ist ja auch ganz schön dick geworden. Mein Bruder, der fünf Jahre älter ist, hat mich immer angestoßen und gefragt: »Guck mal, kennst Du den noch?« Und dann waren das so Spieler von vor meiner Zeit, aus der Mitte der sechziger Jahre. Da gab's immer viel zu gucken. Auf die Sitzplätze umziehen, darüber haben wir eigentlich noch nie gesprochen. Am Geld liegt's sicherlich nicht. Wir haben schon so viele tausend Mark in Fußball investiert, das dürfte eigentlich kein Problem sein. Aber ich stehe bis heute eigentlich lieber, als daß ich sitze. Ich glaube sogar, daß ich auch dann noch stehen würde, wenn es teurer wäre als ein Sitzplatz. Auf dem Sitzplatz ist man eher Beobachter, man guckt zu. Beim Stehen ist meine eigene Anspannung größer, da arbeitet man mehr. Und als Fan guckt man eben nicht nur zu, sondern ist eher Beteiligter.

Es gibt in einer Saison viele vermeintlich unbedeutende Partien, aber man freut sich doch immer. Das 1:0 muß auch da erst mal geschossen werden, und wenn es dann fällt, freut man sich genauso. Bei anderen Spielen ist die Vorfreude größer, aber beim Anpfiff ist für mich jedes Spiel gleich. Überhaupt jauchzt das Herz noch immer, wenn ich aufs Stadion zufahre. Die gute Laune ist richtig körperlich. Das macht einen Teil meiner Lebensqualität aus. Dazu gehört auch unser Halbzeitritual, mit dem Apfel, der Schokolade und dem Kaugummi, das seit Jahren besteht, inzwischen sind es ja fast Jahrzehnte. Manchmal fragen Leute, denen ich das erzähle, auch, ob es nicht lächerlich ist. Aber ich finde das einfach schön. Ich denke sowieso nicht: Das muß doch mal aufhören, du bist jetzt alt genug. Mein Bruder und ich, wir würden eher wimmern, jammern und verkümmern, wenn uns verboten wäre, zum Weserstadion zu fahren.

»Ich bin kein Funktionär«, sagt Gerd Niebaum.
Der Präsident von Borussia Dortmund behauptet:
»Es ist wichtig, daß man selber Fan war.«

Mitunter gewinnt der Besucher den Eindruck, daß Anstrengung und ein Plan dahinterstehen, immer ruhig und sachlich zu wirken. Der Beruf legt das nahe, vor allem aber das Amt. Gerd Niebaum ist Jurist, Spezialist für Wirtschafts- und Unternehmensrecht und seit 1986 Präsident von Borussia. Und weil der Verein sowieso schon eine Gefühlsmaschine auf höchsten Touren ist, sollte sich nicht auch noch der Vorsitzende von Gefühlen mitreißen lassen. Allenfalls in Momenten des Sentiments, wo er inmitten von Millionenumsätzen den Wunsch hegt, daß »wir den Charakter eines Volksvereins erhalten.« So schwierig das auch ist. »Es wird seelenlos und eine Plastikgeschichte daraus, was aber nicht allein mit dem Fußball zu tun hat. In der Politik ist das nicht anders. Dagegen wird man sich nicht wehren können, die Verflachung ist überall da. Mickey Mouse und Disney-World überfallen auch den Fußball. Wenn man sieht, wie die Privatsender den Fußball häufig verkitschen, kann man das aber auch nicht übelnehmen. Das ist heute eben so. Als Präsident eines Fußballvereins kann man nicht das ganze Rad der Verflachung einer Gesellschaft aufhalten. Sie können über Traditionen und deren Inhalte vielleicht ein wenig gegenhalten. Obwohl auf der anderen Seite, das Gefühl der Jungs in der Kurve kein flaches Gefühl ist. Das geht unheimlich tief.« Vielleicht klingt Gerd Niebaum deshalb glaubwürdig, weil er seinen Pathos hinter Sachlichkeit zu verhüllen vermag, gerade hier im nüchternen Besprechungsraum seiner Kanzlei.

Ich bin 1948 in Lünen-Brambauer geboren. Das ist ein Ort mit zwanzigtausend Einwohnern, von denen siebentausend Leute bei der Zeche beschäftigt waren. Dort drehte sich im Grunde genommen alles um den Pütt. Mein Vater war bei der Harpener AG als Diplomingenieur im Bergbau tätig. Er hat also nicht als Bergmann, sondern über Tage gearbeitet. Aber ich habe das Leben in den Kolonien, den Bergarbeitersiedlungen noch miterlebt. Mit dem Taubenstall, dem Stall, der meistens zur Wohnküche umfunktioniert worden war. Das war eine sehr idyllische Welt. Zwar nicht meine Welt zu Hause, aber die von Freunden und Spielkameraden. Und dazu gehörte auch ganz selbstverständlich Fußball. Obwohl sich mein Vater nicht für Fußball interessiert hat. Es war also nicht so, wie es so schön heißt: Der Bazillus wird vom Vater auf den Sohn weitergegeben. Das passierte mehr aus der Klasse heraus mit Gleichaltrigen. Und wer damals in Dortmund aufwuchs, sich sportlich interessierte, für den war Borussia sowieso von Anfang an ein fester Bestandteil der Kindheit und Jugend. Wir haben früher auf die Oberligaspiele genauso hingelebt, wie der Fan heute aufs Bundesligawochenende.

Die ersten Meisterschaften von Borussia, 1956 und 1957, habe ich allerdings noch nicht so deutlich mitbekommen. Ich weiß zwar, daß wir damals am Borsigplatz waren – sogar meine Eltern waren mit –, aber genau kann ich mich nicht erinnern. 1958, als ich zehn Jahre alt war, habe ich über die Weltmeisterschaft ein eigenes Album angelegt, wo ich Zeitungsausschnitte und Berichte gesammelt und meine eigenen Kommentare dazu gemacht habe. Vor einigen Jahren habe ich es noch mal in der Hand gehalten. Das war mit kindlicher Schrift geschrieben, da waren Tränen reingemalt, weil man ausgeschieden war gegen Schweden. Das war damals die Gefühlswelt eines Zehnjährigen, da hat man sich auch mit der Nationalmannschaft noch ganz anders identifiziert als heute. Die Vizemeisterschaft 1961 hab ich als Fan dann bewußt mitbekommen, die Meisterschaft 1963, den Pokalsieg 1965 und den Europapokalsieg 1966. Auch beim legendären Spiel gegen Benfica Lissabon, von dem inzwischen 200.000 Leute behaupten, sie hätten es gesehen, war ich wirklich dabei. Das war ein ganz kalter Tag, und danach habe ich bei einem Freund übernachtet, der in der Nähe des Stadions wohnte.

Danach gab es noch mal einen Bericht im Fernsehen, den wir bei ihm gesehen haben.

Ich war allerdings nicht nur an Fußball interessiert. Für mich waren die 60er, in denen ich zum Gymnasium gegangen bin, auch die Zeit der Beatles, Rolling Stones, später die Flower-Power-Geschichte. Jeder Jugendliche, der offen ist, läßt sich inspirieren von Musik, von Strömungen des Zeitgeistes. Ich auch. Ich war in den sechziger Jahren in Liverpool im Cavern-Club auf der Spur der Idole von damals. Wir haben damals auch eine Band gehabt, die da so etwas nachgeahmt hat. Eine Gitarrenband mit Schlagzeug. Die Leute in dieser Band hatten aber mit Fußball nichts zu tun. Die richtigen Freaks, die die ganze Beatgeschichte der sechziger Jahre mitmachten, waren tatsächlich nie auf dem Fußballplatz. Das waren getrennte Welten.

Ich war auch nicht der totale Fußballfan, der in schwarz-gelber Bettwäsche geschlafen hat und sieben Tage in der Woche nur für den Fußball lebte. Aber man hatte eben eine sehr starke, sehr feste Verbindung zu Borussia Dortmund. Übrigens weniger gegen Schalke 04. Das war damals gar nicht das Thema, das ist erst sehr viel später gekommen. Schalke 04 war eher ein Verein wie heute der MSV Duisburg oder der VfL Bochum, gegen den man nicht großartig etwas hatte. Der große Rivale in den sechziger Jahren war in Dortmund der 1. FC Köln. Das waren die »feinen Pinkel«, die eine bessere Welt verkörperten. Die hatten den Touch Arroganz, der heute teilweise den Bayern nachgesagt wird, und sie haben das auch bewußt ausgespielt. Die Kölner waren im Prinzip spielerisch besser, zelebrierten Fußball aus der Feinkostabteilung, und wir machten das hier immer mit Kampf und Herzblut wett. Beim Endspiel 1963 waren sie auch die Favoriten, hatten die wesentlich bessere Mannschaft, und dann kamen die rustikalen Borussen und haben gewonnen.

Das Fußballpublikum hat sich in seinen Erscheinungsformen

seitdem stark verändert. Schauen Sie mal in die alten Wochen-schau-Berichte. Die Leute haben Fußball nicht so aktiv be-gleitet, wie sie das heute tun. Sie hatten nicht diese ganzen Sprüche und Slogans, es gab keine Sprechchöre oder Gesänge, höchstens Schlachtrufe und Trompeten. Das Publikum war insgesamt auch älter. Im Prinzip verfolgte man Fußball we-sentlich passiver als heute. Natürlich mit »Aahs« und »Oohs«, aber nicht dieses organisierte, manchmal fast kabarettreife Be-gleiten eines Fußballspiels. Heute ist ein Eigenleben da, es ist eine Szene geworden. Das war damals noch ausschließlich auf den Fußball bezogen. Die Leute haben sich unheimlich stark auf den Fußball konzentriert und mit dem Fußball identifi-ziert. Aber viel Esprit war nicht dahinter.

Die Spieler waren auch damals schon für mich ganz weit weg, in einer völlig anderen Welt. Vielleicht war das nicht so, wenn man an der Vereinskneipe wohnte, oder der Vater mit einem Funktionär bekannt war. Es mag sein, daß es viele gab, die den Spielern näher waren als heute. Aber ich glaube, das war in den sechziger Jahren bereits nicht mehr der Fall. Die haben sich auch zurückgezogen und nach dem Spiel ihre eigenen Sachen gemacht, die mit dem Leben in der Vereinskneipe nicht mehr viel zu tun hatten. Es waren Stars, auch damals.

Daß die ganze Geschichte dann etwas abriß, hatte damit aber nichts zu tun. Nachdem ich Abitur gemacht hatte, bin ich zum Studium nach Münster gegangen. Von da aus bin ich zwar gelegentlich ins Stadion gegangen, sogar mal zu Aus-wärtsspielen gefahren, aber Ende der 60er, Anfang der 70er Jahre hörte das auf. Das hatte auch damit zu tun, daß bei Borussia Dortmund nichts mehr los war. Ich bin dann gele-gentlich zu Preußen Münster gegangen, weil ich meine Stu-dentenbude in der Nähe des Stadions hatte, aber das hat mich nicht so begeistert. Ich hab dann auch noch ein Jahr in Frei-burg studiert, wo damals noch der FC Freiburg und nicht der SC Freiburg ganz gut war und an das Tor der Bundesliga

Renitenz im Sakko. Protestierende BVB-Fans im Stadion Rote Erde Mitte der sechziger Jahre

klopfte. Damit habe ich mich mehr identifiziert, da war ich sehr häufig. Als ich Mitte der siebziger Jahre nach Dortmund zurückgekehrt bin, habe ich mir aber gleich wieder eine Dauerkarte gekauft und war regelmäßig da.

Als Borussia 1984 in eine große wirtschaftliche Krise geraten war, bin ich mit Reinhard Rauball in den Notvorstand eingetreten. Erst wollte ich damit nichts zu tun haben. Ich war vorher in keinem Verein als Funktionär tätig, und dieses Funktionärstum ist mir eigentlich fremd. Aber Rauball hat gesagt: »Du bist doch Dortmunder, hast hier alles erlebt, dann kannst Du nicht ›ohne mich‹ sagen.« Als es ganz gut lief, bin ich auch in den ordentlichen Vorstand eingetreten, habe mich da allerdings sehr zurückgehalten. Es ging um das Erfassen der wirtschaftlichen und rechtlichen Situation, mit dem operativen Fußballgeschäft hatte ich wenig zu tun. Ich hab mir das eineinhalb Jahre angeschaut, als eine Art Beobachter von außen. Dabei habe ich teilweise vor den Abläufen sehr schnell den Respekt verloren. Ich habe mir diese ganze Arbeit viel professioneller vorgestellt. Die Trainingsarbeit ist doch relativ überschaubar. Na gut, man kann Fußball zur Wissenschaft erklären, aber im Grunde ist das doch relativ simpel. Die Trainingsarbeit eines Bundesligavereins hatte ich mir viel wissenschaftlicher, perfekter vorgestellt – so wie früher die Leichtathleten in den osteuropäischen Ländern vorbereitet wurden. Im Fußball ist das immer noch nicht der Fall, es wird immer noch viel aus dem Bauch heraus improvisiert. Vielleicht ist das auch gut so. Aber für mich war das interessant, ich hatte es anders erwartet.

Als ich 1986 den Vorsitz übernahm, habe ich mich bei der Frage, wie man einen Verein behandelt, sehr stark dafür verwendet, daß wir die Tradition nach vorne bringen. Mein Vorgänger Reinhard Rauball hatte damit angefangen, die Spieler der Meistermannschaft 1956 und 1957 in den Ältestenrat zu holen. Das war eine absolut richtige Entscheidung. Die

Tradition ist die Basis für das Selbstverständnis, für die Identität eines Vereins. Deshalb muß man immer wieder sagen, wo man einmal war und wo wir wieder hinwollen. Zukunft braucht Herkunft. Sie braucht Wurzeln. Und ich glaube, daß es uns da vielleicht sogar gelungen ist, eine Brücke zu schlagen. Also das nicht nur in Sonntagsreden zu feiern, sondern es auch zu praktizieren, indem man mit den alten Spielern ständig zusammen ist und ständig kommuniziert.

Nostalgie erschöpft sich in der Rückschau, aber hier geht es um den Blick nach vorne. Man muß aktuelle Spieler damit in Verbindung bringen, was vor ihnen war, damit sie sich mit einem Verein identifizieren und daraus eine gewisse Fähigkeit und Kraft ableiten, in einem Verein etwas zu bewegen. 1989 vor dem Pokalfinale habe ich den Spielern gesagt: Was wollt ihr erreichen? Ihr könnt viel Geld verdienen, dann habt ihr hinterher euer Auskommen, aber das ist ja nicht alles. Wenn ihr später, in 30 oder 40 Jahren im Lehnstuhl sitzt, dann müßt ihr sagen können: »Ich war mal top! Ich war mal in meiner Sportart der Beste!« Auch das ist Reichtum. Und wenn die Enkelkinder da auf dem Schoß sitzen, kann man sagen: »Ich war damals Pokalsieger.« Das habe ich ihnen anhand der alten Spieler vermittelt, die 1956 und '57 Deutscher Meister waren. Die gehen heute noch stolz durch ihr Leben, weil sie diesen Titel gewonnen haben. Diesen Reichtum kann einem niemand mehr nehmen, selbst wenn sie älter werden und in ihrer Kraft nachlassen. Und das kann man durchaus gleichwertig setzen mit finanziellen Dingen. Ich denke, daß eine Reihe Spieler das durchaus begriffen haben.

Vor dem Halbfinale, das wir als Außenseiter gegen den VfB Stuttgart gewonnen haben, habe ich mit den Spielern darüber gesprochen. Es war für die natürlich ein ganz ungewöhnlicher Einstieg, zu fragen, was in 20, 30 oder 40 Jahren ist. Jedenfalls haben sie ein unheimliches Spiel hingelegt, und hinterher war natürlich Riesenjubel. Ich werde aber nie vergessen, daß Michael Zorc und Teddy de Beer in der Kabine auf mich zukamen und in diesem Jubel ein ganz ernstes Gesicht machten. Also fragte ich sie: Wollt ihr jetzt etwa schon wieder über die Prämie reden? Aber dann kam was ganz anderes: »Wir möchten Ihnen danken für das, was Sie uns gestern abend gesagt haben. Wir haben das heute umgesetzt und hoffen, Sie haben das auch gesehen.« Das fand ich sehr beeindruckend, da ist mir fast ein Schauer über den Rücken gelaufen.

Auf der anderen Seite ist es wichtig, auf den Mannschaftsgeist zu achten. 1986 haben wir sportlich einen enormen Sprung gemacht, weil wir intern einige Weichen gestellt haben. Wir haben mehr daran gearbeitet, daß der Teamgeist stimmte und die Mannschaft Spaß am Spiel hatte. Da waren interne Veranstaltungen, Weihnachtsfeiern, die gemeinsam vorbereitet wurden, wo die Spieler Freude dran hatten. Das gab es vorher nicht. Es ist meine feste Überzeugung, daß der Fußball professionalisiert und kommerzialisiert ist, und vieles davon bei den Spielern Geschäftssinn und Eigennutz ist. Und trotzdem werden sie den meisten Erfolg haben, wenn sie vor dem Hintergrund all dieser Dinge, Freude und Identifikation mit der Gruppe erreichen. Das ist ganz entscheidend im Mannschaftssport. Sie können das beste Spielermaterial haben, wenn im atmosphärischen Bereich Störungen bestehen, kommt eine Mannschaft nicht dazu, ihr Potential abzurufen.

Es gibt noch eine Geschichte, die ist für mich etwas, wo ich weiß: Dafür machst du auch diese Politik. Zu besagtem Pokalfinale 1989 haben wir unsere alten Meisterspieler mitgenommen. Nicht einfach nur so, sondern ganz deutlich als Repräsentanten nach außen hin. Hinterher habe ich von Adi Preissler einen Brief bekommen, der gerade vorher von einer ganz schweren Herzoperation genesen war. Und er schrieb, daß es gerade nach der schweren Krankheit für ihn die Erfüllung seines Lebens gewesen sei, sich bei diesem großen Finale an seine Jugend erinnert gefühlt zu haben. Und noch eine Sache hat mich in diesem Zusammenhang sehr bewegt. Herbert Sandmann kam beim Bankett nach dem Pokalsieg auf mich zu und bat mich, ihm Michael Zorc vorzustellen. Mit dem fühlt er sich wesensverwandt und sagt immer: »Das ist mein Nachfolger«. Also sind wir zu Michael herübergegangen, und Herbert Sandmann hat ihm – und das war für ihn ein sehr großer Akt – den Meisterring übergeben, den er für seinen gewonnenen Titel in den 50er Jahren bekommen hatte. Das hat Herbert Sandmann unheimlich aufgewühlt. Dann ist er am Sonntag nach Dortmund zurückgekommen und hat einen Schlaganfall bekommen. Es muß nichts damit zu tun haben, aber … Das sind eigentlich so Dinge, wo ich die Höhepunkte sehe. Auch Begegnungen mit einzelnen Zuschauern, die sich richtig freuen über etwas, das sind für mich die Big Points.

Borussia hat eine Identität, die ganz deutlich aus den Traditionen des Ruhrgebiets kommt. Daß man arbeitet, daß man die Ärmel aufkrempelt, daß man sehr stark sein körperliches Potential abruft. Diese Erwartungshaltung des Publikums muß man den Spielern auch vermitteln. Obwohl man mit Hauruck-Fußball allein nicht mehr Deutscher Meister werden kann. Deshalb haben wir auch eine andere Art Spieler verpflichtet, aber auch die müssen sofort an die Seele des Publikums heran. Mit Michael Rummenigge etwa habe ich mich vor seinem ersten Spiel in Dortmund darüber sehr intensiv unterhalten, daß Fußball hier auch ein Arbeitsprogramm ist. Das hat er mir bei seinem Weggang auch gesagt, woran man sieht, wie sehr das haften bleibt. Wir brauchen in Dortmund Kämpfer, damit die Identifikation der Zuschauer mit der Mannschaft da ist. Einem Schmidt, Kutowski oder McLeod verzeiht man auch eine Niederlage oder sportliche Enttäuschungen, einfach weil man gesehen hat, daß er alles gegeben hat. Das ist wieder ein Brückenschlag zu dieser alten Borussia, die damals durch Kämpfertum gegen die feinen Pinkel aus Köln gewonnen hat.

Daß wir heute so hohe Zuschauerzahlen haben, ist vor allem auch durch die Kontinuität bei den Spielern gekommen. Von 1986 bis ungefähr 1992 hatten wir die größte Kontinuität aller Bundesligavereine, was die Verweildauer der Spieler im Verein betrifft. Jedes Jahr sind mehr Zuschauer gekommen, weil die Spieler blieben. Wir haben uns immer bemüht, diese Kontinuität zu halten, auch wenn es heute unter dem Druck des Erfolges etwas anders geworden ist. Die Fans wollen Gesichter haben, an die sie sich gewöhnt haben. Sie müssen dem Publikum natürlich auch neue Spieler anbieten, aber das muß eigentlich stark dosiert bleiben. Und dazu brauchen sie natürlich auch Kontinuität beim Trainer.

Außerdem muß man mit einem Publikum kommunizieren. Die Leute haben uns für verrückt gehalten, weil wir oft Dinge gemacht haben, die unter kommerziellen Gesichtspunkten fast albern erschienen. Etwa, als wir 1993 den Preis fürs Europapokalspiel gegen Bröndby um die Hälfte reduziert haben, weil die Leistungen in der Bundesliga nicht stimmten. Das sind Gesten, die auch teuer sind. Das kostet uns vielleicht 400.000 DM und hat keine unmittelbare Wirkung. Aber die Leute sehen, daß wir als Vereinsführung versuchen, Leistung und Gegenleistung in ein Gewicht zu bringen. Und das ist oftmals viel mehr wert als ein paar hunderttausend Mark.

Es ist auch wichtig, daß man selber Fan war. Ich kann mich da ganz gut reinversetzen, auch wenn man mir das nicht unbedingt ansieht. Ich habe meistens ein Empfinden dafür, wie der Fan denkt, welchen Spieler er haben will, und wie er sich mit Spielern identifizieren kann. Das sehe ich ganz gut, das ist meine Stärke. Ich weiß oft auch, welche Sprechchöre jetzt kommen, von welchen Seiten die kommen. Weil man sich mit dem Phänomen seit Jahren beschäftigt. Das liegt einfach daran, daß ich hier aufgewachsen bin. Das braucht man mir nicht zu sagen, das habe ich im Blut.

Anjo Scheel sagt: »Ich bin Fanpolitiker.«
Sein Plan sieht vor, daß er im Jahr 2008 Präsident von
Eintracht Frankfurt ist.

Man glaubt ihm, daß er immer etwas unternehmen muß.
»Ich brauch so was einfach. Auch auf der Arbeit bin ich
schnell ungeduldig, habe ständig Ideen und mache Verbesse-
rungsvorschläge.« Anjo redet geschwind über dies, wechselt
das Feld, hat dazu eine Meinung. Besonders wenn es um Fuß-
ball geht, ist er kaum zu stoppen. Erst als er erfuhr, daß er
Vater werden würde, stand der Entschluß fest, nach und nach
von den Ämtern zurückzutreten, die ihm sein Eifer einge-
bracht hat: Sprecher der Fanbeauftragten der Bundesligaver-
eine, Fanbeauftragter von Eintracht Frankfurt und Vorsit-
zender der Eintracht Frankfurt Fanklubs. Nur im Verein will
Anjo Scheel gerne weiterarbeiten. Er kandidierte bereits
zweimal für den Verwaltungsrat, doch bislang hat es noch
nicht für eine Mehrheit gereicht. Aber es wird einen nächsten
Versuch geben. Denn trotz Vaterschaft kann er sich nicht vor-
stellen, »ein normaler Fan zu werden.«

Den Anfang hat es Ende der 80er Jahre genommen, als die
Eintracht sportlich darnieder lag und die Zuschauerzahlen
zurückgingen. Weil der Verein sich nie übermäßig für seine
Fans interessiert hat, hatte ich das Gefühl, daß gerade da alle
zusammenhalten müssen, um den Abstieg zu verhindern. Es
gab damals schon Treffen zwischen dem Geschäftsführer
bzw. Manager und dem Vorsitzenden der Fanklubs. Da bin
ich dann hingegangen, obwohl ich eigentlich gar nicht einem
Fanklub angehörte, und habe die Idee mit dem Zusammenhalt zur Sprache gebracht. Daß in einer Situation, wo wir
Tabellenvorletzter waren, immer nur über Spielertransfers
geredet wurde, fand ich absurd. Also habe ich einfach mal
den Vorschlag gemacht, man müsse einen Kommunikations-
knotenpunkt schaffen, daß man gemeinsam in eine Richtung
zieht und das Gefühl bekommt, füreinander da zu sein. Ich
bin dann herumgerannt, auf der Geschäftsstelle gewesen,
habe mit den Fanklubs geredet, meine Ideen zu Papier ge-

bracht und sie auf der nächsten Sitzung der Fanklubs vorgestellt. Die haben es sich dann relativ einfach gemacht und gesagt: Dann mach das auch!

Das war Ende 1987, das war ich 23 Jahre alt. Ich war natürlich völlig unerfahren und habe immer mit meinem Idealismus gesprochen, stieß aber auf offene Ohren. Also haben wir eine Aktion im Rahmen eines Auswärtsspiels bei den Stuttgarter Kickers angeleiert. Da hab ich so argumentiert, daß die Leute, die zu den Stuttgarter Kickers fahren, die ganz Bescheuerten sein müssen, und die wären doch förderungswürdig. Damit habe ich erreicht, daß die Eintracht die Busse und die Eintrittskarten bezahlt. Es sind dann 300 Eintracht-Fans mitgefahren, und wir haben den ersten Auswärtssieg der Saison errungen.

Populär im negativen Sinne bin ich geworden, als die Eintracht 1989 in Kopenhagen mit 5:0 verloren hat. Da haben die Fans aus der Enttäuschung über die völlig indiskutable Leistung, und der Vorwurf war vor allem der fehlende Wille, ihren Frust rausgelassen. Nach dem Spiel standen wir hinter der Tribüne und haben das rausgebrüllt. Wohlgemerkt, ohne daß es zu Tätlichkeiten gekommen ist. Ich war einer der Fans, und mich hat man dann bezichtigt – wahrscheinlich auch um von den eigenen Problemen abzulenken –, den Aufstand organisiert zu haben. Das hängt mir heute noch nach. Als ich 1992 für den Verwaltungsrat kandidiert habe, hat Rainer Franzke vom »Kicker« einen Tag vor der Wahl in der Frankfurter Allgemeinen Zeitung unter der Überschrift »Ein Fan im Verwaltungsrat?« über den Gewalttäter und Hooligan Anjo Scheel geschrieben und dabei auf Kopenhagen verwiesen.

Seitdem ist eine Zusammenarbeit mit den Gremien von Eintracht Frankfurt nicht mehr möglich gewesen, mit einer Ausnahme. Das war die Aktion »Mein Freund ist Ausländer«, wo das Präsidium auf mich zukam, was zu machen. Darauf

haben wir die »United Colours of Bembeltown«-Shirts gemacht, wofür ich vom Verein bereitwillig zehntausend Mark
bekommen habe. Trotzdem habe ich aber gemerkt, daß viele
Türen für mich zu waren. Manager Hölzenbein hat nie mit
mir gesprochen, der ist mir aus dem Weg gegangen.

Und so habe ich gemerkt, daß man nur noch mit politischen
Mitteln weiterkommen kann. Das war die Wandlung weg
vom emotionalen Fan, der mit seiner Emotionalität argumentiert und sagt: Wir fühlen uns eben scheiße, wenn wir
auswärts 90 Minuten im Regen stehen und 0:0 spielen, uns
darüber sogar noch freuen, und dann hauen die Spieler einfach ab. Wir haben 90 Minuten lang auch Leistung gebracht,
die offensichtlich nicht anerkannt wird. Jedenfalls habe ich
festgestellt, was man politisch erreichen kann. Dabei habe ich
auch die Macht der Medien kennengelernt – am eigenen Leib
negativ, im positiven Sinne durch die »United Colours of
Bembeltown« – und gelernt, die bewußt einzusetzen.

Als Klaus Gerster Manager wurde, hat er einen Sponsorenpool gegründet. Für 25.000 Mark konnte man da Mitglied
werden, bekam dafür zwei Jahreskarten im VIP-Block und in
einem speziellen Pavillon vor der Haupttribüne was zu essen.
Ich wußte zufällig, daß in dem Vertrag zwischen dem jeweiligen Sponsor und der Eintracht stand, daß die hereinkom-
menden Gelder für die Bundesligamannschaft, den Nach-
wuchs und die Fans zu verwenden sind. Außerdem wußte
ich aus der Presse, daß dieser Sponsorenpool 1,5 Millionen
Mark eingebracht hatte.

Gleichzeitig fragte ich Gerster, wie es denn mit so einer
großen Blockfahne wäre. Er sagte, daß er da schon im Gespräch mit Sponsoren wäre. Da hab ich gesagt: »Wir wollen
keine Werbung!« Ohne Werbung war ihm das aber zu teuer,
das hätte 50.000 Mark gekostet. Da habe ich ihm damit ge-
droht, die Presse darüber zu informieren, daß nicht mal drei
Prozent der Gelder aus dem Sponsorenpool für die Fans aus-

Die Fankurve im Zeitalter der gesponserten Begeisterung

gegeben würden. Daraufhin waren wir die einzigen in der ganzen Bundesrepublik, die eine Blockfahne ohne Werbung bekommen haben.

Ich habe es schon gesagt: Ich bin nicht mehr der emotionale Fan, sondern Fanpolitiker. Inzwischen arbeite ich mit zwei Leuten zusammen, mit denen ich mich hervorragend ergänze. Denn die beiden sind nach wie vor die emotionalen Fans. Die sind einfach in der Lage, gegenüber einem Präsidenten auszurasten. Und ich als Politiker führe die dann zusammen. Wir sind schon richtig eingespielt. So bereiten wir uns auch auf Gespräche vor, in welcher Reihenfolge wir reden. Und einer der Jungs rastet einfach aus, das ist noch nicht einmal gespielt. Das ist neu im Fußball, daß Fußballfans als Politiker auftreten. Das ist ja nicht nur in Frankfurt so.

Ich denke auch, daß es so ist, daß die Selbstorganisation der Fans wirklich eine Lücke in den Vereinen füllt.

Wir hatten 1988 eine Jahreshauptversammlung, die durch einen Faustschlag auf der Bühne in die Geschichte eingegangen ist. Darüber war ich damals durchaus amüsiert, aber ich war mir meiner Rolle als Mitglied des Vereins auch noch nicht so ganz bewußt. Ich habe mir über den Verein wenig Gedanken gemacht, über seine Strukturen oder seine rechtlichen Grundlagen. Damals habe ich mir vorgenommen, innerhalb von zehn Jahren im Verwaltungsrat und nach weiteren zehn Jahren Präsident des Vereins zu sein. Jetzt habe ich noch zwei Wahlen, um in meiner Zeitplanung zu bleiben. Dabei wußte ich damals gar nicht, was für einen Aufgabenbereich ein Verwaltungsrat überhaupt hat. Mittlerweile habe ich gelernt, was ein Verwaltungsrat machen sollte, was er in Wirklickeit macht und strebe das jetzt aus einem ganz anderen Grund an. Eintracht Frankfurt ist nämlich ein sehr abgehobener Verein, da möchte ich dafür sorgen, daß eine Bindung zwischen den Gremien und der Basis entsteht. Die Basis sind einmal die Mitglieder der zwölf Abteilungen, die sich teilweise durch das Präsidium sehr wenig vertreten fühlen, und zum zweiten sind es die Fans, die nicht zwangsläufig Mitglied des Vereins sind.

Über die Frage, warum ich das eigentlich mache, bin ich zum ersten Mal gestolpert, als mir ein Journalist die gestellt hat. Und ich konnte sie nicht beantworten. Ich könnte jetzt viele kluge Sätze sagen, aber ob es meinen wahren Beweggrund trifft, das weiß ich nicht. Eigentlich bin ich ein ziemlicher Idiot. Ich mache mich zum Trottel für viele Leute. Wenn was schiefläuft, heißt es: Der Scheel ist schuld. Ich hab' generell die Neigung, soziales Engagement an den Tag zu legen und soziale Ungerechtigkeiten zu bekämpfen. Außerdem ist es vielleicht Verbundenheit. Was ich im Fanblock erlebt habe, so vor 15 Jahren, das waren ganz tolle Erlebnisse, die mir von meiner Jugend am meisten in Erinnerung geblieben sind. Damals hatte der Block noch deutlichere Strukturen als heute. Und die konntest du nutzen, wenn du clever warst. Innerhalb so eines Blocks waren die Aufgaben verteilt. Da gab es einen Fanklub, der das Sagen hatte. Ein anderer war für die Stimmung zuständig. Es gab welche, die guckten immer danach, wieviel gegnerische Fans da waren. Es gab in jedem Fanklub die Idioten, die das Bier holen mußten. Das war eine ganz klare Aufgabenverteilung. Das gibt's heute nicht mehr.

Für mich war das interessant, weil ich mich in vielen Rollen versucht habe. Vom Kasper, der bei Auswärtsfahrten den ganzen Bus unterhalten hat, zu dem, der als einer von ganz wenigen geschafft hat, noch Alkohol in den Block hereinzubekommen. Daß ich es übernommen habe, die Sprechchöre zu starten, das war unheimlich faszinierend für mich, und deshalb ist eine Verbundenheit da. Eine tieferliegende Erklärung fällt mir da auch nicht ein.

Die Fankurve der siebziger Jahre hat mich jedenfalls geprägt. Den Breiten machen war wichtig, Saufen war wichtig, sich zu prügeln war wichtig, und auswärts zu fahren war wichtig. Das war für mich faszinierend, und ich trauere der guten alten Zeit schon nach. Für mich war es gut, die Brutalität, die da herrschte, die Diktatur, die fehlende Möglichkeit auszubrechen. Ich bedaure, daß es nicht mehr so ist. Und manchmal wünsche ich mir insgeheim – das darf ich eigentlich gar nicht sagen –, daß es in Frankfurt eine richtige Boxerei zwischen Kutten gibt ohne Hooligans. Rückbesinnung auf die Wurzeln. Da würde ich vielleicht sogar noch mitmachen. Wenn ich mir vorstelle, wie sich in Frankfurt der Fanblock leert, und da kommen die Schalker oder Karlsruher oder Kölner Kutten an, da wäre ich vermutlich dabei. Das gehört für mich immer noch zum Fußball.

Ich habe eine prägendes Erlebnis gehabt, das war Anfang der

Einsamer Sieg in Leverkusen

80er Jahre, das erste Saisonspiel in Dortmund. Wir kommen
aus dem Bus, da stehen die Dortmunder mit Eisenstangen
und Fahrradketten und warten auf uns. Die haben gesagt:
»Vor dem Spiel läuft nichts, aber nach dem Spiel kriegen wir
euch!« Damals hat sich die Polizei dafür schlichtweg nicht
interessiert. Und was ist also passiert? Du wußtest im Stadion, daß du nach dem Spiel nur eine Chance hast: wenn alle
zusammenhalten. Das war das Tolle damals! Wir sind mit
zweiundvierzig Leuten in einen Mob von vierhundert Dort-
mundern reingerannt, weil wir wußten, daß das unsere einzige Chance ist. Wenn wir nur weggerannt wären, hätten die
uns erwischt. Verpissen ging nicht, denn jeder kannte jeden
im Bus. Wenn nur einer abgehauen wäre, wären die anderen
einundvierzig hinterher auf ihn draufgegangen. Weil das Verrat war. Also sind wir auf vierhundert Dortmunder losge-

gangen, die plötzlich total verunsichert waren. Die waren total perplex, und als sie sich gefangen hatten, waren wir schon weg. Das war ein faszinierendes Erlebnis. Das hat vermutlich damit zu tun, was sich in meinem Körper abgespielt hat. Die Ängste, die unterdrückt wurden, die dann rauskamen. Das passiert heute höchstens noch irgendwo im Europapokal in Istanbul. In zehn Minuten wird das Spiel abgepfiffen, du bist eine Runde weiter, und draußen warten ein paar tausend Türken. Und die Soldaten, die dich bewachen sollen, sehen so aus, als wären sie die ersten, die draufhauen. Es war vor allem in den achtziger Jahren unglaublich brutal. Du hast früher immer irgendwelche Leute gesehen, die geblutet haben, es hat doch ständig gerappelt. Im Fanalltag ist früher wesentlich mehr passiert als nach Heysel. Das hast du doch heute nicht mehr. Und das war akzeptiert. Ich glaube, das ist so lange für mich faszinierend, bis es mich mal erwischt. Und davor bin ich bislang immer bewahrt worden. Du entwickelst gewisse Instinkte und Verhaltensmuster, lernst Dich unsichtbar zu machen. Das ist ein Kick und natürlich nicht unähnlich dem, was die Hooligans erzählen. Ich bin auch drei, vier Jahre mit den Hooligans gefahren, mit Düsseldorfern, Essenern, Hamburgern, Kaiserslauterern. Weil ich gute Kontakte hatte, weil ich meine eigene Zeitung gemacht habe, in der ich die ganzen Berichte verbraten habe. Das hatte teilweise schon groteske Formen, wo ich in der ersten Halbzeit bei den Schalkern stehe und dann in der Pause durch ein gesperrtes Niemandsland zu den Duisburgern herübergehe, ohne daß jemand Anstoß daran nimmt. Weil ich kein Hooligan war. Dann gab es eine fünfzehnminütige Hauerei mit 300 Mann auf jeder Seite, und ich stand mittendrin, ohne daß mir was passiert ist. Die kannten mich natürlich nicht alle, aber ich war sozusagen unsichtbar, weil ich nicht in das Freund-Feind-Schema paßte. Ich selber habe Gewalt ganz selten ausgeübt, vielleicht war ich dreimal in

Schlägereien verwickelt. Für mich ist das wahrscheinlich eine ähnliche Faszination, wie wenn Leute auf der Autobahn abbremsen, weil es auf der Gegenseite einen Unfall gegeben hat. Aber neben der Gewalt gibt es im Stadion noch andere Möglichkeiten. Es ist natürlich auch eine Bühne für Selbstdarsteller. Und ich bin letztendlich auch einer. Ich habe während der ganzen Fanarbeit den Applaus auch schätzengerlernt. Ich glaube, ich habe auch Angst davor, wenn das nicht mehr da ist. Ich hatte vor zwei Jahren schon mal den Punkt, wo ich aufhören wollte. Gleichzeitig gab es den Druck der Freundin, die zwar nicht von mir gefordert hat aber signalisierte, sie würde es gutheißen, wenn ich kürzer treten würde. Also habe ich mir nicht mehr 150 Spiele pro Saison angeguckt, ohne daß mir was fehlte.

Allerdings gehe ich noch zu jedem Spiel der Eintracht. Es gibt so eine Art Konkurrenzkampf innerhalb einer winzig kleinen Gruppe, die innerhalb der letzten zehn Jahre alle Pflichtspiele besucht hat. Das ist neben mir noch ein anderer und vier weitere, die in zehn Jahren vielleicht fünf Aussetzer hatten. Und da haben wir in der letzten Zeit schon diskutiert, ob wir nicht nur weiter hingehen, um die Serie aufrechtzuerhalten. Ich hab das mal meiner Mutter gesagt: Wenn Du mal stirbst und wirst an einem Samstagnachmittag beerdigt, kann ich leider nicht dabeisein. Ich glaube, daran würde ich mich auch halten, obwohl mir das auch keinen Spaß bereiten würde. Es geht nicht darum zu sagen: Wie pikant, daß ich hier im Stadion stehe, wo gerade meine Mutter beerdigt wird. Ich glaube, je älter ich werde, desto beschissener wird das Gefühl sein, das ich dabei habe. Da haben mir Leute schon ganz harte Kritik an den Kopf geworfen. Wie ich so was sagen könnte, meine Mutter und Eintracht Frankfurt in ein Verhältnis zu stellen. Ich denke, daß es da keinen Konkurrenzkampf gibt. Das steht eher im Zusammenhang damit, daß man ja auch seinen Arbeitgeber bescheißt und zum Spiel geht, obwohl man krank geschrieben ist. Andere Leute erzählen ihren Ehefrauen oder Freundinnen irgendwelchen Scheiß, damit sie zum Fußball gehen können.

Es ist interessant, wie die Leute reagieren, wenn sie einen Spieler oder einen Offiziellen vom Verein treffen. Dann reagieren sie wie auf ihre Freundin. Entweder zu sanft oder völlig aufbrausend. Allein diese Fotos, der Fan hält einen Spieler im Arm. Auch diese Autogrammgeschichten. Die nerven mich total an. Ich erlebe das in unseren Sitzungen, wo Vertreter von bis zu hundert Fanklubs zusammenkommen. Ihnen gegenüber sitzt der Präsident oder der Manager, und dann diskutieren wir. Vorher beschweren sie sich unheimlich, und dann kommt nichts. Und wenn die dann wieder weg sind, beschweren sich die Leute bei mir. Das ist phänomenal. Da steht das Präsidium drei Stunden zur Verfügung, und ich bin jedesmal fassungslos, wie lieb die Fans da sitzen. Dann geht die Tür zu, und dann fangen sie an die Kartenverteilung zu kritisieren, wie scheiße das mit den Parkplätzen ist.

Aber der Bezug zu Frauen ist mir eigentlich in einem anderen Zusammenhang aufgefallen. Ich werde nie vergessen, was für ein Gefühl ich nach dem Schlußpfiff des Pokal-Halbfinalspiels 1988 in Bremen hatte. Da haben wir als Abstiegskandidat bei Werder Bremen mit 1:0 gewonnen, womit niemand gerechnet hatte. Der meistgenannte Tip war eine 1:4-Niederlage. Das Gefühl beim Schlußpfiff, und da stehe ich auch zu, das kann dir keine Frau besorgen. Das geht einfach nicht. Das ist nichts, was man künstlich erzeugen kann, das passiert einfach. Da gibt es nichts Vergleichbares. Ich kenne keine harten Drogen, ich weiß nicht, wie man da draufkommt. Ich habe jedenfalls noch nichts gefunden, was da dranreicht. Als wir dann den Pokal gewonnen haben, waren 12.000 Eintracht-Fans in Berlin, und ich habe es als einziger geschafft, auf den Platz zu kommen. Plötzlich hatte ich Frank Schulz in einem Arm und den Pokal im anderen.

Das sind Momente, von denen ich nicht weiß, wie ich die erzeugen könnte, wenn ich die haben will. Vielleicht habe ich auch deshalb Angst, meine Serie zu unterbrechen, weil ich dann möglicherweise was verpasse.

Denn auch vermeintlich unbedeutende Spiele können ihren Reiz haben. Es kann immer was Besonderes passieren. Es gab mal eine Partie in Hamburg am letzten Spieltag, wo Jan Svensson das letzte Mal für die Eintracht gespielt hat. Im letzten Bundesligaspiel seiner Karriere bekommt er zwanzig Minuten vor Schluß die Rote Karte und ist am Boden zerstört. Bei dem Spiel waren vielleicht noch 50 Eintracht-Fans, die sind nach dem Spiel zum Spielerausgang hin. Und dann kam Svensson raus, der wollte mit seinem Auto von Hamburg aus direkt nach Schweden. Und wir haben ihn geherzt und gedrückt und uns von ihm verabschiedet. Da hat er angefangen zu heulen. Das ist ein Moment, der mich ungeheuer bewegt hat. Der konnte es überhaupt nicht fassen, daß wir auf ihn gewartet haben und ihn verabschiedet haben. Der hat hemmungslos losgeheult, er war richtig aufgelöst. Dann haben wir ihn noch zu seinem Auto gebracht, das ganz normal auf dem Besucherparkplatz stand. Das Stadion war schon völlig leer, und wir haben ihn da mit unserem Trupp eskortiert.

Daß man seine Gefühle im Stadion auslebt, aber im privaten Bereich nicht, ist natürlich schon heikel. Persönlich, im privaten Bereich, habe ich viel mehr Schwierigkeiten, mit den Emotionen umzugehen. Vielleicht auch deswegen, weil es einseitig und unverbindlich ist. Fußball ist eine Sache, die es einem relativ leicht macht, mit seinen Emotionen hausieren zu gehen. Es ist ja irre, daß du ins Stadion gehen kannst, und da stehen 50 Männer und flennen sich einen ab. Wo ist das denn sonst noch vorstellbar? Ich denke, da müßte im privaten Bereich sehr viel passieren, bevor sie bereit sind, solche Gefühle zu zeigen. Ich glaube, daß ich eigentlich darauf hinauswill, daß wir Fans zurückgeliebt werden. Aber warum will ich das eigentlich? (Pause) Ich habe das Gefühl, die Fans haben ein Anrecht darauf, zurückgeliebt zu werden für das, was sie tun.

Petra Klein hat sich in der Schalker Nordkurve durchgesetzt: »Von mir hat am Anfang auch mal einer einen
Becher Bier ins Gesicht bekommen. Man mußte sich
schon Respekt verschaffen.«

Sie macht einen resoluten Eindruck. Wenn sie etwas will, so scheint es, findet sie auch eine Lösung. »Als ich noch zur Schule gegangen bin, hatte ich immer viel mehr Geld als die anderen Mädels in meiner Klasse. Ich habe Zeitungen ausgetragen und für den Nachbarn den Flur geputzt, denn mit meinem Taschengeld allein hätte ich mein Hobby nicht finanzieren können. Seit ungefähr '82 bin ich nämlich auch zu Auswärtsspielen von Schalke gefahren. Und das kostete eben Geld.« Damals war sie sechzehn Jahre alt, Schülerin, und trug noch eine Kutte. Heute arbeitet die Industriekauffrau und Diplom-Betriebswirtin in der Rechnungsprüfung eines Gelsenkirchener Unternehmens, sitzt in Schal und Trikot auf der Tribüne und arbeitet in der Initiative »Schalker gegen Rassismus« mit. Die hat innerhalb von zwei Jahren fast zweihundert Mitglieder gefunden und gibt das Fanzine »Schalke Unser« heraus. »Sexismus im Stadion ist ein so großes Problem, dagegen müßte man eine eigene Kampagne starten«, sagt sie, wirkt aber nicht richtig überzeugt von der Idee. Vielleicht, weil sie sich im Stadion durchgesetzt hat und glaubt, daß Schalke auch ihr gehört und ihr von niemandem weggenommen werden kann.

In Schalke ist das oft so, daß man über seine Eltern zum Verein kommt. Das war bei mir ganz anders, mein Daddy mag Schalke nämlich nicht. Er sympathisiert eher mit Wattenscheid 09, und Bayern München findet er auch ganz gut. Wir haben in der Nähe der Stadtgrenze zu Bochum gewohnt, und deshalb sind meine Eltern öfter zu Wattenscheid gegangen. Papa war fußballbegeistert, Mama eigentlich auch, und so habe ich mich eigentlich auch schon früh für Fußball interessiert. Vor allem bei Weltmeisterschaften und Länderspielen am Fernseher. Ich habe noch genau die Bilder von der WM 1974 vor Augen, wie wir im Wohnzimmer gesessen und die Spiele zusammen geguckt haben, da war ich acht Jahre alt.

Zu Schalke bin ich dann mit einer Schulfreundin gekommen, als ich 14 oder 15 Jahre alt war. Die wollte ins Stadion, weil sie im Freibad irgendeinen Typen kennengelernt hat, der immer auf Schalke gegangen ist. Und ich sollte mitkommen, damit sie nicht mit dem allein gehen mußte. Im Stadion hat sie sich dann aber mehr mit dem Typen beschäftigt und gar nicht ums Spiel gekümmert. Mich hat das Spiel da unten sowieso interessiert, außerdem war ich von der Stimmung in der Kurve total fasziniert. Dieses Mitsingen und Mitklatschen fand ich unheimlich toll. Zumal bei dem ersten Spiel auch sehr viele Zuschauer waren, das Stadion war fast ausverkauft.

Danach bin ich eine Zeitlang alleine hingegangen. Obwohl es natürlich nicht so ist, daß man wirklich alleine steht. Ich bin immer an die gleiche Stelle im Block gegangen, und da hat man sich auch schnell mit »Hallo« begrüßt. Der Rest kam dann von selbst. Allerdings haben meine Eltern immer gesagt: »Oh, Gott, wie kannst Du da alleine hingehen.« Und gleich bei einem meiner ersten Spiele, gegen Rot-Weiß Essen, hatte ich auch ein ganz komisches Erlebnis. Da gab es nämlich meinen ersten Zusammenstoß mit der Polizei, für den ich aber überhaupt nichts konnte. Auf dem Rückweg vom Spiel bin ich in eine Straßenbahn gestiegen, wo auch ganz viele Hooligans von der »Gelsenszene« waren. Das war noch in diesen alten Straßenbahnen, wo es keine Neonröhren gab, sondern Glühbirnen, die unter der Decke eingeschraubt waren. Diese Birnen haben sie rausgenommen und auf Essener Autos geworfen. An einer Haltestelle hat ein Einsatzwagen der Polizei gestanden, und obwohl alle die Polizei gesehen haben, wurde munter weitergeschmissen. Daraufhin hat die Polizei die Bahn gestürmt. Ich saß hinten in einer Ecke, hatte davon gar nicht viel mitbekommen, aber trotzdem gleich voll 'ne Ladung Tränengas abgekriegt. Ich hab erst überhaupt nichts gesehen und bin halbblind nach Hause gekommen. Die Augen haben mir getränt und waren ganz rot. Und dann haben meine Eltern mir verboten, da noch mal hinzugehen. Stubenarrest habe ich, soweit ich mich erinnern kann, auch noch bekommen. Aber am nächsten Spieltag bin ich trotzdem los. Da haben meine Eltern wohl gewußt, daß Hopfen und Malz verloren waren.

Kurz darauf lernte ich meinen ersten Freund kennen, der zufällig auch Schalke-Fan war. Mit dem bin ich dann in den Block 4 gegangen, wo ich bis vor drei Jahren gestanden habe. Jetzt sitze ich auf der Tribüne. In den Blöcken 4 bis 6 wird die meiste Stimmung gemacht, wobei in Block 5 vielleicht am meisten los ist. Aber Fio, der Trompeter, der zur »Attacke« geblasen hat, der hat immer drei, vier Stufen unter uns gestanden. Da haben wir jedenfalls immer mit den gleichen Leuten zusammengestanden, vier Jahre lang, bis wir uns getrennt haben. Danach bin ich wieder alleine gegangen und hab dann eine andere Clique kennengelernt, mit denen ich heute auf der Tribüne zusammensitze. Ende '92 habe ich über die Fan-Initiative wieder andere Leute kennengelernt, mit denen ich jetzt mehr mache. Inzwischen bin ich noch in den Fanklub »Kammen Bär« eingetreten. Man sieht also, das verschiebt sich im Laufe der Jahre.

Am Anfang war es schon schwer, sich durchzusetzen und dahingehend anerkannt zu werden, daß man auch als Frau Ahnung von Fußball hat. Ich bin natürlich emotional sehr mitgegangen und habe des öfteren geschrien, daß die Blau-Weißen scheiße spielen oder ich das noch besser könnte. Und da hast du natürlich gleich die Sprüche gekriegt: »Du als Mädel doch ganz bestimmt nicht!« Aber ich habe mit vielen Jungs zusammengestanden, die mich schon länger kannten, die dann auch mal Kontra gegeben und mich gegen die verbalen Attacken der anderen in Schutz genommen haben. Was man ruft, kriegen sowieso gerade mal die Leute im Umkreis von zwei Metern mit. Das sind immer dieselben, denn auch

154

in einer Stehplatzkurve hast du deinen festen Platz. Die kennen dich, wenn du dort vier, fünf oder sechs Spielzeiten lang da stehst. Je länger man dabei war, um so mehr wurde man auch akzeptiert. Heute habe ich eigentlich überhaupt keine Probleme mehr. Natürlich fängt man sich ab und zu noch einen Spruch, aber das ist nicht schlimmer als jenseits des Stadions.

Trotzdem will ich gar nicht abstreiten, daß Frauenfeindlichkeit, Diskriminierung von Frauen im Stadion, ein wahnsinnig wichtiges Thema ist. Allerdings kenne ich entweder Frauen, die dauernd auf Schalke gehen und keine Probleme mehr haben oder habe Frauen in meinem Freundeskreis, die sich überhaupt nicht für Fußball interessieren. Mir fehlen Erfahrungswerte von Frauen, die nur gelegentlich ins Stadion gehen. Ich sehe diese Probleme nicht mehr, weil sie mir nicht mehr wirklich begegnen. Meine Erfahrungen liegen schon ein bißchen zurück, und inzwischen kenne ich halt Hunderte von Leuten in der Kurve, begrüße viele mit Handschlag. Seit ungefähr drei Jahren fahre ich auch zu den meisten Auswärtsspielen, da trifft man immer die gleichen Zwei- bis Dreitausend wieder. Aber das ist natürlich ohne Zweifel eine ziemlich machomäßige Masse.

Am Anfang war es schon so, daß man gedacht hat: »Da sind unheimlich viele Jungs.« Mich hat das auch ein wenig erschreckt. Es hatte schon was von einem Abenteuer. Als Mutprobe habe ich das zwar nicht gesehen, aber das ist ein interessanter Aspekt. Von mir hat am Anfang auch mal einer einen Becher Bier ins Gesicht bekommen. Man mußte sich schon Respekt verschaffen. Ich kann mir schon vorstellen, daß gerade im Alter von 14 bis 16 viele Mädchen wegen der Jungs ins Stadion gehen. Ich glaube aber auch, daß sehr schnell die Frage kommt, warum man das eigentlich macht. So war es jedenfalls bei mir. Die Entscheidung für den Fußball muß recht schnell kommen, sonst bringt einem das nichts. Es gibt schließlich noch tausend andere Orte, wo man Jungs kennenlernen kann. Mir war jedenfalls nach dem dritten oder vierten Spiel klar: Das hier ist was für länger. Und: Es ist der Fußball, der dich interessiert, der Zusammenhalt in der Kurve, das Mitsingen und Mitklatschen. Ich war unheimlich schnell dabei, zu sagen, daß ich Fan bin. Und es war absolut nicht so, daß ich mir den Olaf Thon wie einen Popstar an die Wand gehängt habe. Gar nicht!

Daß ich aber mit Herz und Seele an Schalke hänge, wußte ich beim ersten Abstieg. Das war 1981, in meinem ersten Schalke-Jahr. Dieser erste Abstieg war ganz schlimm. Da hatte ich vorher in der Kirche sogar noch eine Kerze angezündet, so ganz bescheuerte Sachen. Als der Abstieg trotzdem feststand, habe ich eine ganze Nacht lang durchgeheult. Als mich meine Mutter morgens geweckt hat, hat sie gesehen,

Demo im Parkstadion

156

daß das Kissen ganz durchgeheult war und hat gefragt, ob ich noch ganz normal bin. Aber das tat wirklich weh. Es war grausam, und ich hab' mich wirklich mies gefühlt. Aber ich bin natürlich weiter ins Stadion gegangen, das hätte ich sogar in der Amateur-Oberliga noch gemacht. Klar!

Aber um noch mal auf das Thema Frauen im Fußball zurück-zukommen. Ich fände es schon ganz gut, wenn es da mehr Frauen gäbe. Ob nun als Reporter oder sonstwie. Es ist nur immer eine Sache der Fachkompetenz, und andererseits gilt natürlich dasselbe wie überall: Frauen haben es schwerer, auch wenn sie genauso gut sind. Aber das ist ein gesellschaft-liches und kein spezifisches Problem des Fußballs. Als Re-porterinnen finde ich Sabine Töpperwien und Gaby Papen-burg ganz in Ordnung. Ansonsten fallen mir momentan keine Frauen ein, die in dem Bereich arbeiten. Und ich muß ganz ehrlich sagen, durch Christine Reinhart habe ich mich oft provoziert gefühlt. Ich habe sogar vermieden, das »Ak-tuelle Sportstudio« zu gucken, wenn sie es moderiert. Sie tut nämlich genau das, was eine Frau nicht tun sollte, die sich in der Männerwelt Fußball durchsetzen will. Ich habe da noch genau ein Interview mit Willi Lemke von Werder Bremen im Kopf, wo sie unheimlich mit dem rumgeflirtet hat.

Bei Schalke gab es ja auch mal eine Frau, die sich als Präsi-dentschaftskandidatin zur Wahl gestellt hat. Ich habe sie auch gewählt, obwohl es aus heutiger Sicht wahrscheinlich eher eine Protestwahl von mir war. Wer wurde denn damals Prä-sident? Ich komme mit den vielen Jahreshauptversammlun-gen ganz durcheinander. Ach ja, Bernd Tönnies. Da hat es mich aufgeregt, daß gesagt wurde, wenn Tönnies nicht ge-wählt wird, rutscht der Verein in die Pleite. Da habe ich mir gesagt, daß das gar nicht sein kann. Ein Verein wie Schalke 04 kann nicht von heute auf morgen im Nichts verschwinden. Das war ein Angstmachen und ein Erpressungsversuch, dem ich mich nicht beugen wollte. Und Evelyn Fricke hat damals den Nagel auf den Kopf getroffen, indem sie gesagt hat, daß dieses Aufdiktieren von oben nicht in Ordnung ist. Außerdem hätte ich auch schon gerne gesehen, wenn wir eine Frau als Präsident gehabt hätten. Obwohl natürlich ungewiß ist, ob Evelyn wirklich die Richtige gewesen wäre. Es ist unheimlich schwierig, das zu beurteilen, wenn jemand nur fünf Minuten Redezeit hat. Aber wenn ich nicht der festen Überzeugung gewesen wäre, daß der Verein auch mit ihr als Präsidentin weiter existieren kann, hätte ich ihr nicht meine Stimme gegeben. Denn mir ist natürlich das Hemd näher als die Hose, sprich: Schalke 04 wichtiger als eine Frau auf dem Präsidentenstuhl.

Marcel Reif ist Fußballchef und Star-Reporter bei RTL. Mitunter hat er Schwierigkeiten mit der Bedeutung dessen, was er überträgt: »Ich würde gerne lachen und ich würde gerne heulen können. Mehr ist es nicht.«

*Er hat den richtigen Sound. Seine Reportagen sind nicht erb-
senzählerisch und verquast halbwissenschaftlich, aber er ist
auch kein flotter Plauderer, der über das Spiel hinwegscha-
droniert. Er versteht, was auf dem Rasen passiert und im Stadion. Das spürt man. So ist er vom dereinst mißtrauisch
beäugten Quereinsteiger zum Lieblingsreporter der meisten
Fußballzuschauer geworden. Sein Wechsel vom ZDF zu RTL
paßte zum Fußballgeschäft. Erst gab es Gerüchte, dann dicke
Schlagzeilen und einigen Zank, wie beim Transfer eines
Stars in der Bundesliga. Und weil er ein Star ist, wirbt er in
der Halbzeitpause von Fußballübertragungen für Bier. Wie
immer kunstvoll unrasiert, sitzt er in seinem Büro an der Aa-
chener Straße in Köln und dreht einen Regimentswimpel der
Staatssicherheit an der Tür um, weil unser Gespräch nicht gestört werden soll. Jetzt ist er »Wachsam im Kampf für die Arbeiterklasse«. Aber, bin ich hier richtig, ist Marcel Reif überhaupt Fußballfan? »Ja«, sagt er ohne zu zögern. »Ja, ich bin
Fan!«*

Eine meiner frühesten Erinnerungen hat mit Fußball zu tun.
Da muß ich drei Jahre alt gewesen sein, und wir haben noch
in Warschau gelebt. Mein Vater hat mich mit ins Stadion genommen. Und zwar zu einem Verein, der heute Legia Warschau heißt, früher war das der Zentrale Armee-Sportklub.
An diesen ersten Besuch habe ich ganz klare Erinnerungen.
Ich höre noch die Musik, die da gespielt wurde. Die Spieler
gingen an mir vorbei, sie hatten sich gerade auf einem Ne-
benplatz warm gemacht. Wir sind sehr spät gekommen, und
sie liefen direkt an mir vorbei. Das ist ein so klares Bild, das
könnte ich jetzt sofort nachstellen. Von daher ist das, was ich
heute mache, wohl eine logische Konsequenz. Damals bin
ich fußballverrückt geworden.
Bald darauf sind wir nach Kaiserslautern gezogen. Und
meine Kindheit habe ich auf dem Betzenberg verbracht. Das

erste Mal war ich mit sieben oder acht da, das war etwa 1957. Und dann bin ich immer hingegangen. Für einen halbwegs normal gestrickten Jungen gab es damals in der Stadt sowieso nichts anderes als den FCK. Was hatten wir denn sonst? Kaiserslautern war eine riesige amerikanische Garnison mit viel Wald drumherum. Das war's! Und dann gab es noch Fußball. Die Identität der Stadt hat sich damals noch viel mehr über den 1. FC Kaiserslautern definiert als heute, und selbst heute ist das noch ziemlich wichtig. Wie oft ist man zum FCK gegangen? Immer! Wenn ich nicht hingegangen bin, mußte das schon einen massiven Grund gehabt haben.

Als C-Jugendliche haben wir das Vorspiel zum ersten Bundesligaspiel des 1. FC Kaiserslautern gemacht. Damals gab es noch keine modernen Tribünen, sondern nur die eine alte Holztribüne, die noch bis vor kurzem stand, der Rest war offen. Unsere Trikots waren noch aus Baumwolle, unifarben und nicht glänzend. Die Farbe von Lautern war weinrot und die von Köln schneeweiß. Dieses ganze Gewusel und Gewimmel, das die Trikots heute so häßlich macht, gab es nicht. Alles war ganz simpel und fürchterlich einfach. Und ich war ein Teil des 1. FC Kaiserslautern. Mal durfte ich das Vorspiel machen, mal waren wir Balljungen. Und sonst haben wir Freikarten gekriegt. Ich bin immer mit meinem Vater zusammen zum Stadion raufgefahren. Er war als Geschäftsmann eine Art von Halb-Honoratior in der Stadt und ging auf die Tribüne, weil das einfach dazugehörte. Am Stadion haben wir uns dann getrennt. Er hatte seine Dauerkarte auf der Tribüne, und ich bin mit meiner Westkurven-Karte losgetigert. Und von da habe ich mein Idol bejubelt. Das war der Holländer Co Prins. Das war ein Spieler, den mochte man oder eben nicht. Er war Genie oder elender Flegel. Prins hatte immer die Socken runtergezogen und das Hemd über der Hose hängen. Das wollte ich bei unseren Spielen dann nachmachen, aber der Schiedsrichter hat es nicht erlaubt.

161

Damit war die Hälfte meiner Wirkungsmöglichkeiten beschnitten.

Für den FCK habe ich bis zur A-Jugend gespielt, und das relativ erfolgreich. Ich bin in die Südwest-Auswahl und die Süddeutsche Auswahl berufen worden. Das hätte eventuell schon eine Perspektive gehabt, aber 1966 sind meine Eltern nach Heidelberg gezogen, und dann mußte ich mich entscheiden. Ich blieb noch ein bißchen bei meiner Großmutter, um die Schule fertigzumachen. Aber das hat nicht geklappt. Dann bin ich meinen Eltern nachgezogen und habe entschieden: Vergiß Kaiserslautern und mach Abitur. Damit legte sich auch die eigene fußballerische Perspektive.

Ich habe dann zwar noch rund um Heidelberg in Amateurligen gespielt, ein wenig Geld verdient. Aber dann wurden das Studium und der Beruf immer deutlicher, während die eigene Kick-Perspektive langsam verschwand. Damals habe ich manchmal im Stadion gesessen und gesagt: Mensch mit diesem und jenem hast du noch gespielt, das kannst du doch auch. Es gab auch Phasen, wo ich mich gefragt habe, ob ich nicht in Kaiserslautern hätte wohnen bleiben sollen, um weiter dort Fußball zu spielen. Aber dem weine ich nicht nach. Irgendwann war der eigene Bezug weg, und es ging wieder um die Frage: Gewinnt Kaiserslautern oder nicht? Und so ist das bis heute.

Als ich noch beim ZDF gearbeitet habe, bin ich samstags oft dahin gefahren, wenn ich nicht in einem anderen Stadion arbeiten mußte. Das ging dann weiter mit meinem Sohn, der nun infiziert war. Wenn ich mal nicht wollte, hat er gesagt: »Laß uns gehen!« Und dann sind wir zusammen gefahren. Beim 1. FC Kaiserslautern gestehe ich sogar, daß es mir da manchmal egal ist, wie sie spielen. Hauptsache sie gewinnen. Da bin ich ein äußerst schlichter Fan, ein Fanblock-Fan. Sobald es aber über diesen 1. FC Kaiserslautern hinausgeht, den ich beruflich wenig begleite, ist es mir nicht wurscht, wie gespielt wird. Dann will ich nur guten Fußball sehen. Und als Reporter bin ich genauso Fan. Wenn es ein gutes Fußballspiel gibt, habe ich einen Heidenspaß. Wenn nicht, bin ich zutiefst beleidigt. Wenn es toll ist, lasse ich mich auch gerne mitreißen. Mit Genuß sogar. Dann kann es auch rauschhaft werden. Nicht durch das Rotlicht oder das Fernsehereignis, sondern durch das Fußballspiel. Obwohl ich manchmal denke, wenn ich das im nachhinein höre: Mein Gott, jetzt hör doch mal auf zu schreien!

Ich will das mal an zwei konkreten Beispielen erklären. Das eine war in Barcelona 1989: Stadion Nou Camp, vollbesetzt bis obenhin, Milan gegen Bukarest. Endstand 4:0 und das schönste Fußballspiel, an das ich mich erinnern kann. Für einen Reporter war das ein Traum. Allein vom Erzählen bekomme ich eine Gänsehaut. Du brauchst bloß ins Stadion hereinzukommen und denkst schon: Jawoll! Und dann spielen die auch noch so. Hinterher bin ich weggegangen, war schweißgebadet und habe gedacht: Genau so muß es sein! Und ich als Reporter durfte Teil dieses Gesamtkunstwerks sein.

Das andere Beispiel war zwei Jahre später in Bari. Ein wunderschönes Stadion in einer schönen Gegend, die ich noch von der Weltmeisterschaft kannte. Roter Stern Belgrad, eine halbwegs mediterrane, technisch gute Mannschaft spielt gegen Olympique Marseille, die ebenfalls mediterranen, technisch guten Fußball spielt. Freunde, was wollt ihr mehr? Das wird ein Traum! Und dann sitze ich auf meinem Reporterplatz, drücke nach zehn Minuten auf die Räuspertaste und sage zu meinem Kollegen: Weißt Du, was die da unten machen? Die spielen beide auf Null zu Null und Elfmeterschießen. Dann guck ich noch mal auf die Uhr und weiß, es dauert noch 110 Minuten bis passiert, was beide wollen. Ich war zutiefst beleidigt. Das war eine Frechheit! Warum tut ihr mir das an? Da mußten mir meine Kollegen helfen, daß ich da nicht ausraste und die ganze Zeit nur schimpfe. Die haben versucht, mich zu beruhigen. Ich sollte doch noch mal abwarten, wenigstens nichts sagen. Aber ich war stinksauer. Da ist die Fanperspektive ganz simpel gewesen.

Ich bin am Anfang beim Sport deshalb angegriffen worden, weil ich den Zuschauern angeblich den Spaß am Fußball durch zuviel Kritik verdorben hätte. Dabei kamen diese Beschwerden aber kaum von den Zuschauern, sondern eher von den Mitgliedern dieses geschlossenen Kreises im Fußball, in den ich als vermeintlich Außerirdischer eingedrungen war. Daß ich damals vom politischen Journalismus kam, war für Leute wie Beckenbauer Blasphemie: »Da habt ihr einen, der soll besser politische Kommentare sprechen.«

Dabei bin ich gar nicht mit der Frage losgegangen: Wo kann man denn jetzt mal schwer kritisieren? Ich bin relativ naiv dahin. Ich hatte dann allerdings auch keinen Grund gesehen, irgendwelche Spielregeln einzuhalten. Wenn es gut war, war's gut. Wenn nicht, dann nicht. Und vorher wollte ich eigentlich überhaupt nicht im Sportbereich journalistisch arbeiten, um mir den Spaß nicht verderben zu lassen. Das hat sich dann über lange Wege aber anders ergeben. Ich kriegte nämlich plötzlich das Gefühl, daß politischer Journalismus, wie ich ihn im »Heute-Journal« zu machen hatte, nicht sehr redlich war. Da geht man morgens ins Archiv, liest ein paar Agenturmeldungen und schwadroniert abends mit sonorer Stimme über Nicaragua und am nächsten Tag über Herztransplantationen. Dann hatte ich zwar die Möglichkeit, als freier Mitarbeiter für gut ein Jahr Quasi-Korrespondent in London zu sein, das ließ sich aber nicht institutionalisieren. Ich war zu jung, hatte kein Parteiticket. Also mußte ich wieder zurück. Obwohl es höchst interessant war, jeden Tag was anderes zu machen, war es zugleich grauenhaft oberflächlich. Ich bin zwar nicht der große Tiefenschürfer, aber als ein Angebot vom Sport kam, war ich ganz froh. Da habe ich gedacht: Beim Sport, da kennst du dich aus. Das hatte ich auch weiterhin verfolgt. Sport war immer mein intensivstes Hobby. Und einen Minderwertigkeitskomplex gab es auch nicht, weil ich von der Politik zum Sport gewechselt bin. Überhaupt nicht, null! Ich habe nie das Gefühl gehabt, daß ich einen minderwertigen Job mache. Ich habe mich immer köstlich über Kollegen beim Sport amüsiert, die gesagt haben, daß sie was »Richtiges« machen wollten.

Jetzt versuche ich als Live-Reporter, einem Optimum nachzulaufen. Ich will die Distanz zwischen dem Ereignis und dem Erlebnis im Wohnzimmer so gering halten, wie es nur geht. Ganz gelingen wird einem das nicht. Ich ertappe mich dabei, wenn ich auf ein Stadion zufahre und die Geräusche höre, das Flutlicht brennen sehe. Da kommt eine gewisse Euphorie auf, und ich frage mich: Was macht es denn heute aus? Was ist diesmal anders? Wenn ich das halbwegs rational hinkriege, versuche ich mir das aufzuschreiben und während des Spiels dem Zuschauer näherzubringen.

Dabei gibt es dann natürlich sehr schnell zwei Ansätze zu reportieren, den analytischen und den emotionalen. Wenn man das WM-Finale zwischen Brasilien und Italien nimmt. Da gab es zwei Stunden lang keine Fehler, weil die Mannschaften hervorragend eingestellt waren. Aber da sage ich dann auch, daß man dazu einen Trainerschein braucht. Aber hier kriege ich das noch hin, denn es ist immerhin das WM-Finale. Aber bei einem Europapokalspiel in Moskau wird das schwer. Es pißt ohne Ende, mit Schnee vermischt. Außerdem ist es saukalt, und es sind nur fünfzehntausend Zuschauer da. Die Geräuschkulisse ist armselig. Schon bevor es losgeht, habe ich eine unglaubliche Sperre. Ich gucke mich um und muß den Schalter fürs Adrenalin finden, damit da etwas passiert. Wenn ich sage, daß sie jetzt nur noch so scheiße spielen müssen, wie es hier aussieht, dann aber herzlichen Dank. Es gibt Leute, die sagen, daß ich dann Krach anfange, nur um mich hochzumotzen. Aber dann sag ich mir: Dafür verdienst du dein Geld. Das ist jetzt richtige Arbeit. Nicht einfach nur auf einem begeisternden Spiel mitschwimmen. Wenn man ein tolles Spiel vor toller Kulisse erlebt, braucht man nur »Ui, ui, ui« zu machen und hinterher sagen alle, daß es eine tolle Reportage war. Bayern München in der Champions League dagegen, das war teilweise höchste Arbeit.

Was hinter den Kulissen des Spiels passiert, vergesse ich sofort. Es hat mich immer unheimlich wenig interessiert. Ob einer da und dort Trainer wird oder nicht, darüber mache ich mir Gedanken, wenn es passiert ist. Es ist nichts, was mein Leben beherrscht und meine Wahrnehmung des Spiels bestimmt. Das Wichtige ist doch: Das Runde muß ins Eckige. Mir ist schnurzpiepe, was die nachts machen, wie deren Familien aussehen, ob die mit ihren Frauen Krach haben. Es sei denn, sie spielen Schrott. Dann frage ich, weil ich es berufsmäßig wissen muß, um es einordnen zu können. Ich bin 45 Jahre alt, die meisten Spieler sind 20 oder 25 Jahre alt. Wie soll es da Freundschaften geben? Das ist doch Krampf! Die Trainer sind wieder zehn, fünfzehn Jahre älter als ich. Und selbst wenn sie gleichaltrig sind, müssen sie sich und ihr Umfeld schützen. Da wäre ich nur Eindringling. Natürlich bin ich Teil dieser ganzen Geschichte. Die Rituale sind immer die gleichen. Ich fahre da hin, stelle dieselben dämlichen Fragen und kriege dieselben dämlichen Antworten. Aber wenn's losgeht, ist mir das alles ziemlich wurscht. Dann muß der Ball von A nach B und ins Tor. Wer das richtig gut macht, der ist toll. Wer das nicht gut macht, ist eben nicht toll.

Wenn ich mal wieder in Kaiserslautern bin, halte ich schon auf eine bestimmte Art Hof. Das schmeichelt mir auch, und da macht es mir auch Spaß. Da treffe ich alte Leute wieder. Mein alter C-Jugend-Trainer ist jetzt Schiedsrichterbetreuer. Dann trifft man sich und erzählt seine Dönekes. Das ist ein Heimspiel. Aber das ist nicht Ersatz für irgendwas anderes.

Das ist keine Eintrittskarte in diese Welt. Ich habe, wie schon gesagt, selber Fußball gespielt. Wie das geht, das weiß ich. Da hatte ich meine eigene kleine Welt. Auch für die Pimpfe hatten wir mit 14 oder 15 Jahren als Auswahlspieler eine gewisse Prominenz. Wenn wir ins Städtchen gingen, haben sich die Kleinen nach uns umgedreht.

Genauso ist das mit dem Fernsehen. Als ich 22 Jahre alt war, hat mir mein Bäcker zum erstenmal gesagt, daß er mich am Tag vorher im Fernsehen gesehen hat. Da war ich unheimlich stolz. Aber wenn man das mit 45 immer noch braucht – und das ist wirklich nicht kokettiert und kein Zeichen von Reife und Weisheit –, das wäre nur Stuß. Klar stehe ich nicht mehr in der Kurve, sondern habe jetzt den besseren Platz. Und wenn Berti Vogts kommt, redet man halt ein paar Worte, weil man sich eben kennt. Wenn er nicht käme, würde ich mich auch fragen: Stimmt was nicht? Ich trau' mich gar nicht das alles zu sagen, weil es mir so albern vorkommt, aber ich brauche das nicht als Surrogat für was anderes.

Mein Sohn und ich, wir waren mal bei einem Spiel gegen Bayern in Kaiserslautern, zusammen mit einem alten Schulfreund von mir. Lautern verlor und Augenthaler machte ein erbärmliches Tor. Beim Rausgehen unterhalten wir uns frustriert über die Niederlage, analysieren das so, während mein Sohn bei meinem Freund auf den Schultern saß. Da sehe ich, wie meinem Sohn, der damals fünf oder sechs Jahre alt war, einfach so die Tränen runterlaufen. Und mein Freund guckt hoch, sieht das auch und sagt: »Der hat's gut!« Genau, denn mehr ist es nicht. Ich würde gerne lachen und gerne heulen können. Eine halbe Stunde lang, und dann ist es vorbei.

Deshalb gehe ich auch so gerne nach Italien. Erwachsene Menschen, die in der Woche Millionen bewegen, sind für zwei Stunden naive Kinder. Dann ist es vorbei, und dann warten sie auf das nächste »Spiel des Jahrhunderts« am kommenden Sonntag. Superlative kann man inflationieren, ohne daß man was kaputtmacht. Ich finde das im Sport sehr kostengünstig. Der Fußball in Italien ist wesentlich schlechter als das Umfeld. Jedesmal, wenn ich dahinkomme, fällt ein 1:0 und in der 60. Minute der Ausgleich, und dann sieht man die Leute schon Radio hören, wie die anderen Spiele laufen. Denn hier wird nichts mehr passieren. Das war das Spiel des Jahrhunderts, nach 60 Minuten ist es vorbei, und nächste Woche gibt es wieder ein Spiel des Jahrhunderts. Das macht mir einen Heidenspaß, weil es unglaublich infantil und naiv ist.

Das lasse ich mir beim Fußball nicht nehmen, auch berufsmäßig nicht. Diese Verwissenschaftlichung, das Gerede vom Verschieben der Mannschaftsteile, das muß ich nachvollziehen, um es den Zuschauern halbwegs rüberzubringen. Aber es stört mich. Da gehe ich mit klammen Fingern dran. Ob das wirklich eine Bedeutung hat, da bin ich mir inzwischen nicht mehr so ganz sicher.

Mir geht es um was anderes. Das merke ich, wenn ich meinem Sohn zuschaue. Danach bin ich nämlich emotional bis physisch erschöpft. Das passiert mir jedesmal, weil ich so bekloppt mitgehe. Da geht es nicht um die Champions League hier, ums Weiterkommen da oder die Trainerzukunft dort. Es geht nur darum: Gewinnen sie, oder verlieren sie? Das ist ganz simpel Fußball. Das ist einfach und nackt! Um da eine Identifikation herzustellen, muß ich keine Stelzen und keinen Hintereingang mehr benutzen. Da gehe ich hin, dann gibt's den Anpfiff. Und nach dem Abpfiff gehe ich wieder weg. Dazwischen spielen sie Fußball.

Da gehe ich so mit, daß mein Sohn schon manchmal gesagt hat, daß ich ruhig sein soll. Ich kann mich nämlich sehr über Schiedsrichterleistungen echauffieren. Meine Frau erinnert mich dann daran, daß ich beim Fernsehen bin und bittet mich, den Leuten dieses Spektakel zu ersparen. Diesen infantilen Kick, dieses Rohe – roh im Sinne von unbearbeitet – , was ich bei diesen Spielen erlebe, das suche ich dann wieder am nächsten Wochenende bei der Arbeit. Dieses nackte Vergnügen versuche ich wiederzufinden, und finde es nicht. Dann merke ich, daß ich wieder so eine Fünf-Minuten-Phase habe, wo ich mir sage: Hier spielt nicht die A-Jugend von Kleinwinterheim, hier geht es um ganz wichtige Dinge. Wie der seinen Gegenspieler neutralisiert und die ganze Scheiße. Aber jetzt ruhig, das ist deine Arbeit. Ich suche es regelmäßig, damit sich der Kreis schließt.

1988 siedelte Mike Ticher von London nach Sydney über: »Damals habe ich wirklich gedacht, es wäre ein Punkt erreicht, wo Fußball nicht mehr so wichtig ist. Inzwischen weiß ich, daß man sehr wohl sein ganzes Leben auf den Fußball ausrichten kann – oder muß.«

Im Frühjahr 1986 setzte sich Mike Ticher in London an die Schreibmaschine und schrieb wütend los. Blatt für Blatt füllte sich mit seinen Beschwerden über bigotte Vereinspräsidenten, rassistische Fans, schreckliches Trikot-Design und den generellen Ausverkauf des Spiels. Dann schnipselte der damals 23jährige Chelsea-Fan Fotos aus Zeitungen und Zeitschriften, klebte alles im Häksel-Layout der Postpunk-Ära zusammen und ging zum Copy-Shop. Zurück kam er mit dem ersten Fanzine der Fußballgeschichte: »When Saturday Comes«, benannt nach einem Song der Popband The Undertones. Während sich die Zeitung langsam zu einem Magazine entwickelte, das heute monatlich 40.000 Käufern findet, verabschiedete sich Mike Ticher 1988 nach Australien. »Daß Chelsea damals abgestiegen war, machte den Entschluß natürlich leichter.« Zunächst wollte er dort nur ein Jahr bleiben, um zu studieren. Dann verliebte er sich, heiratete, wurde Vater und arbeitet nun als Journalist bei einer Tageszeitung in Sydney. Immer noch in der Fußball-Diaspora, 20.000 Meilen entfernt von der Stamford Bridge, dem Stadion des Chelsea Football Club. Doch inzwischen plant er, mit seiner Familie nach England umzusiedeln. Obwohl in Australien doch fast alles besser ist. »Ja, eigentlich ist Fußball der einzige wirkliche Grund.«

Ich kann mich gut daran erinnern, daß ich damals mit meiner Mutter telefoniert habe. Sie war etwas überrascht zu hören, daß ich aus England weg wollte und hat gefragt: »Wie geht es denn mit dem Fußball weiter?« Ich habe ihr geantwortet: »Man kann nicht sein ganzes Leben auf den Fußball ausrichten.« Worauf sie dann gesagt hat, daß sie sich schon lange gefragt hat, wann ich endlich zu diesem Schluß kommen würde. Damals habe ich wirklich gedacht, es wäre so ein Punkt erreicht, wo Fußball nicht mehr so wichtig ist. Aber inzwischen weiß ich, daß man sehr wohl sein ganzes Leben auf den Fußball ausrichten kann – oder muß. (lacht)

Die Angst! Fan der englischen Nationalmannschaft wie aus dem Besetzungsbüro der Boulevardzeitungen

Ich habe Freunde in Australien, und wenn ich Sydney und London vergleiche, möchte ich sicherlich lieber in Sydney leben. Wenn ich also wieder nach England zurückkomme, wäre das im Prinzip wirklich wegen des Fußballs. Nach sieben Jahren habe ich zwar noch nicht das Gefühl, jenseits der Grenze zu sein, wo man kein Fan mehr ist, aber ich kann mir auch vorstellen, daß das kommt, und auch deshalb möchte ich eigentlich wieder zurück. Im Frühjahr '94 war ich zu Besuch in London, was zunächst schon hart war. Alle Leute redeten über Spiele, die ich nicht sehen konnte. Aber dann ist mir bald klar geworden, daß es um etwas anderes geht. Es ist natürlich wichtig, daß man über Spiele und einzelne Spieler reden kann, aber es kommt mehr auf das Gefühl an, das man hat. Ich bin damals beim Pokalfinale gewesen, und es war ein einmaliges Erlebnis, weil Chelsea, seit ich sieben Jahre alt war, nie im Endspiel gestanden haben. Obwohl das Spiel großer Mist war, gab es ein »Wir-Gefühl«, das ich wirklich gut fand. Ansonsten mag ich »Wir-Gefühle« nämlich eigentlich nicht so. Und für dieses Gefühl bedeutete es nichts, daß ich in den letzten Jahren nicht dabei war. Wahrscheinlich werde ich für den Rest meines Lebens Chelsea-Fan sein, selbst wenn ich kein Spiel mehr sehen kann. Das verliert man nicht, egal wo man ist.

Was mir bei der Rückkehr auch auffiel, war, wie wenig sich während meiner Abwesenheit geändert hat. Chelsea ist so doof wie immer, in der Stadionzeitung verkünden sie dummes Zeug, und politisch rechtslastig sind sie weiterhin. Natürlich hätte ich mir gewünscht, daß sich das geändert hat, aber irgendwie erwartet man so was, das ist normal. Auch bei uns im Stadion war es eigentlich genau wie in meiner Erinnerung. Obwohl sie in der Zwischenzeit das halbe Stadion abgerissen und umgebaut haben. Aber im wesentlichen sind immer noch dieselben Leute da. Es hat Zeiten gegeben, wo sich das Publikum verändert hat, aber in den letzten Jahren eben nicht mehr. Die Zuschauerzahlen sind gleich, die Mannschaft hat sich nicht sehr geändert. Eigentlich hat sich nicht viel getan. Und das einzige Mal, als etwas Besonderes passierte, das Pokalfinale, war ich da. Es soll auch nichts Herausragendes passieren, während ich weg bin. Ich muß gestehen, daß ich mich deshalb schuldig fühle, aber ich hoffe, daß die Mannschaft keine Titel gewinnt. Natürlich sollen sie in möglichst jedem einzelnen Spiel gewinnen, aber keine Meisterschaft oder Pokal.

Natürlich besteht die Möglichkeit, in dem Land, wo man gerade lebt, mit einem Verein zu sympathisieren. Man schaut regelmäßig nach den Ergebnissen und hofft, daß er gewinnt. Aber ein Ersatz ist das nicht. In den ersten vier Jahren in Australien habe ich mir zwar viele Spiele angeguckt, aber es hat mir nirgendwo richtig gefallen. Dann habe ich mit meiner Frau Therese zum ersten Mal zusammen ein Spiel angeguckt, und sie war ganz begeistert. Wir haben nämlich einen Spieler gesehen, der sehr gut gespielt hat, aber völlig aufgeregt und geradezu bösartig war. Der hatte es ihr besonders angetan. Und deshalb sind wir dann immer zu diesem Verein gegangen, das sind die Parramatta Eagles aus einem Vorort von Sydney. Aber das ist natürlich kein wirklicher Ersatz. Alle Vereine sind mit einer ethnischen Gruppe verbunden – unserer ist übrigens maltesisch – und es ist schwierig, sich damit zu identifizieren. Die Klubs existieren als eine Art Assimilierungshilfe. Und wenn die Einwanderer länger da sind, verlieren die Vereine mehr und mehr ihre Bedeutung. Der Fußball ist dabei sowieso sekundär. Außerdem kommen gerade mal tausend Zuschauer, was die Fan-Erfahrung in Australien ganz anders macht.

Therese ist in einer Familie groß geworden, die den Rugby-Klub unterstützt hat, der in den sechziger Jahren der erfolgreichste in Sydney war. Das ist der Traditionsverein schlechthin, aber jetzt sind sie ganz schlecht. Also versteht sie etwas von dem Gefühl, ein Fan zu sein. Aber es ist trotzdem so, daß es eine andere Welt ist. Das habe ich gespürt, als wir zusammen zu Chelsea gegangen sind. Ich habe versucht, sie darauf vorzubereiten, daß es dort Rassisten und Frauenfeinde gibt und die Atmosphäre ziemlich mies sein kann. Und es war auch ein bißchen so. Trotzdem hat sie es gar nicht schlecht gefunden, aber sie hat eben kein Verhältnis zu dem Verein. Sie ist Fan von Sheffield Wednesday, weil sie die Mannschaft vor einiger Zeit im Fernsehen gesehen hat und Chris Waddle ihr gut gefiel. Ich finde es gut, daß sie verstanden hat, daß man ganz zufällig zu seinem Verein kommt. Wie weit das geht, weiß ich allerdings nicht. Ob sie von London nach Sheffield fahren würde, um die Mannschaft zu sehen, das möchte ich bezweifeln.

Mein Problem in Australien ist nicht, daß ich Fußballfan bin. Das Problem ist, daß ich englischer Fußballfan bin und gerne in England leben würde. Es ist nach wie vor schwierig: halb drei englischer Zeit, in Sydney ist es mitten in der Nacht, und ich weiß, daß ich nicht zum Spiel gehen kann. Auf der anderen Seite ist es aber immer noch besser, als wenn man zur gleichen Zeit etwa bei einer Hochzeit in England wäre, und es deshalb vollkommen unmöglich wäre, das Spiel zu sehen.

Die rauhen Sitten an Spieltagen der siebziger Jahre hat Heino Hassler hautnah miterlebt: »Da flog ein Glas hinter die Theke, einer hat das Telefonkabel aus der Wand gerissen, und dann ging es ab. Das war wie im Western, und ich war mittendrin.«

Die verschiedenen Generationen der harten Jungs in den Fankurven der letzten drei Jahrzehnte kennt Heino Hassler alle. Weil er immer dabei war, wurde er 1988 beim Nürnberger Fan-Projekt angestellt, das eigentlich »Vermittlungsstelle für Fußballfans« heißt. Obwohl er doch gelernter Industriekaufmann ist und lange Jahre für eine Pumpen- und Armaturenfabrik gearbeitet hatte. »Aber dann kam McKinsey«, und die Firma rationalisierte ihren Standort in Nürnberg weg. »Es war reiner Zufall, daß damals das Fan-Projekt eingerichtet wurde. Ich hatte an einer Vorstudie mitgearbeitet, in dem ich Wissenschaftler und Hools für Interviews zusammengebracht habe. Und danach haben die Soziologen gesagt: ›Du bist der Richtige für uns.‹ Ich war aus dem Alter raus, aber die meisten Jüngeren kannten mich von früher.« Trotz einiger Durchhänger macht Heino seinen Job leidenschaftlich gern. »Ich würde zu den Auswärtsspielen sonst genauso fahren, ich bin Club-Fan von klein auf.« Und er kennt die Rituale der Kurven, die Logik der Gewalt und zeichnet ein Schlachtengemälde aus einer Zeit, in der er selbst davon fasziniert war.

Heute bin ich mir nicht mehr ganz darüber im klaren, was mich damals so fasziniert hat. Aber ich habe immer in parallelen Welten gelebt. Ich komme eher aus einer wohlbehüteten Familie, mein Vater war Chemiker, Mutter bis zu meiner Geburt Stewardeß. Mein Vater war ein Typ, der schon die ganze Welt gesehen hatte, was damals sehr ungewöhnlich war. Er hatte einen sehr weiten Horizont und war für mich wirklich ein Vorbild, obwohl ich kein gutes Verhältnis zu ihm hatte und als Kind und Jugendlicher sehr schlimm war. Meine Mutter hat, nachdem ich auf die Welt gekommen war, im Flugticket-Bereich eines großen Reisebüros gearbeitet. Von daher habe ich schon als totale Kröte viel mitgekriegt. Der Club *(der 1. FC Nürnberg, Anm. d. A.)* war 1961 Deutscher Meister, 1962 Pokalsieger und hat im Europapokal gespielt. Als Nürnberg gegen Benfica Lissabon gespielt hat, war ich sogar in Lissabon dabei. Meine Mutter hat mich mitgenommen. Das war 1962, als ich sieben Jahre alt war. Die Nürnberger haben damals zu Hause 3:1 gewonnen und in Lissabon 1:7 verloren, weil sie nie mehr als sieben Spieler auf dem Platz hatten. Das war der totale Skandal, weil die Portugiesen ihnen nämlich Rhizinusöl ins Essen getan haben und sie deshalb dauernd aufs Klo mußten.

Als ich etwas älter war, haben mich meine Eltern auch unterstützt, wenn ich zu Auswärtsspielen fahren wollte. Damals war zwar jeden zweiten Samstag Schule, aber sie haben mir oft Entschuldigungen geschrieben, und Geld für die Fahrkarten gab's auch. Dabei war mein Vater eigentlich Fürther, er hatte sogar mal bei der Spielvereinigung in der ersten Mannschaft gespielt. Ich hab in der Schülermannschaft des 1. FC Nürnberg gespielt und war bis zur A-Jugend dabei. Wir als Schüler haben bei den Bundesligaspielen immer die Bälle geholt und waren so ganz nah dran. Der Franke sagt »Ballenrussler«. Die Rauhhaardackel heißen bei uns »Russler«, die fetzen auch immer jedem Ball nach. In diesen Jahren ist jedenfalls die Liebe zum 1. FC Nürnberg entstanden. Dann gab es diese tragische Saison, wo der Club 1969 als amtierender Deutscher Meister abgestiegen ist, wohl bis heute einmalig im europäischen Fußball. Und in der Saison drauf, in der Regionalliga Süd, bin ich dann erstmals auswärts mitgefahren. Die Fahrten waren auch nicht so weit, es gab etliche Derbys gegen Fürth, Schweinfurth oder Bayreuth. Tragischer Weise ist der Club dann neun Jahre lang zweitklassig geblieben, erst in der Regionalliga, Zweiten Liga Süd und dann der eingleisigen Zweiten Liga.

Vor den Heimspielen haben wir uns immer in der »Seerose« getroffen. Die »Seerose« war das Lokal an der Endhaltestelle der Straßenbahn auf dem Weg zum Stadion. Es war ziemlich groß, hatte Kicker und Billard, da hatten Massen von Leuten

Platz. Dort hat sich auch eine Szene herauskristallisiert, die zu Auswärtsspielen gefahren ist. Da wurde ein Plakat aufgehängt, wann man sich am nächsten Wochenende trifft. So kam man zur festgelegten Uhrzeit in die »Bierschwemme« im Bahnhof und ist zusammen losgefahren. Das waren Erlebnisse, denn die Spiele waren häufig ausverkauft, wenn Nürnberg gekommen ist, wir waren damals schließlich noch amtierender Rekordmeister.

Als ich als Kid in die »Seerose« kam und zu Auswärtsspielen fuhr, war das schon komisch. Ich habe nur etwas Nürnbergerisch gesprochen. Weil meine Mutter aus Aachen kam, wurde bei uns Hochdeutsch geredet. Da haben einige schon gesagt: »Was is'n des jetzt?« Das war am Anfang etwas seltsam. Als Kröte versucht man natürlich, den Jargon nachzueifern, und genau das habe ich in der »Seerose« gemacht. In der Schule oder zu Hause habe ich mich dann wieder umgestellt. Wissenschaftler nennen das »Sprachcodes«, die den Zugang zu bestimmten Gruppen ermöglichen. Und ich habe kein Problem, mit der jeweiligen Person in deren Sprachcode überzuwechseln. Mir persönlich fällt das gar nicht auf, ich mach das intuitiv. Andere Leute sagen: »Ich habe Dich nicht mehr erkannt. Ich war entsetzt, und habe das nicht mehr glauben können.« Aber es ist echt, ich kann innerhalb einer Sekunde umschalten. Erklären kann ich mir das nicht, aber vielleicht kommt das aus der damaligen Zeit. Denn da mußte ich mich anpassen. Was aber in den Augen der Älteren für mich sprach, was die fasziniert hat, war, daß ich so jung war. Dann hieß es: »Schau mal, der ist vierzehn Jahre alt, fährt auswärts schon mit und schwänzt die Schule.« Das hat denen gefallen.

Es war damals ziemlich prolmäßig. Ich war teilweise entsetzt davon, daß Leute gerade noch aus der Kneipe rauskamen, sich ins Stadion geschleppt haben und da auf den Stufen eingeschlafen sind. Vom Spiel haben die nichts gesehen. Das waren jedesmal bestimmt zwanzig bis dreißig, und hundert weitere Leute, die 44 Spieler auf dem Platz gesehen haben. Außerdem wurde, wie gesagt, ein Jargon gepflegt, den ich von zu Hause gar nicht kannte. Aber gerade das war für mich wohl faszinierend. Schwer zu erklären, aber es hat mich begeistert. Es gab auch Situationen, wo mal eine Kneipe auseinandergenommen wurde. Das war wie im Western. Da flog ein Glas hinter die Theke, einer hat das Telefonkabel aus der Wand gerissen, und dann ging es ab. Das war schon nicht mehr normal, heutzutage wäre das undenkbar. So was habe ich nur aus Filmen gekannt, und plötzlich war ich mittendrin, mit allem drum und dran. Im Lilien-Keller von Darmstadt 98 gab es eine Schlacht, wo die Bierkrüge flogen. Das war Wahnsinn, wie die Leute hinterher ausgesehen haben. Und die Polizei hat oben gewartet und jeden, der rausgekommen ist, sofort eingesammelt. Ein Freund und ich sind deshalb zu einem am Boden Liegenden, haben uns dessen Blut ins Gesicht geschmiert, ihn genommen, sind die Treppe hoch und haben gerufen: »Sanitäter, Sanitäter!« So sind wir an der Polizei vorbei zum Krankenwagen. Den Verletzten haben sie behandelt, und wir sind abgehauen. Das war Abenteuer pur!

Allerdings finde ich die heutigen Strukturen besser als damals. Es war früher ein sehr großer Anteil von Vandalismus in Zügen, in Lokalen oder sonstwo. Gegner gab es für uns keine, weil die zumeist vor uns Angst hatten, und so hat man sich anders abreagiert. Ich kann mich an Szenen erinnern, da sind wir aus dem Bahnhof gekommen und einige sahen Autofahrer, die einen Aufkleber des gegnerischen Klubs auf dem Wagen hatten. Da sind fünf Mann drauf und haben die Scheibe eingehauen, bevor der Fahrer wußte, wie ihm geschieht. Nur weil er morgens früh um elf am Hauptbahnhof vorbeifährt. Heute kommt das nicht mehr vor. Ein Hooligan würde so was nie machen. Da würdest du dich als Hooligan

Lokalderby zu Zeiten weißer Stiefeletten. Schalke gegen Rot-Weiß Essen 1984

total diskreditieren. Alle anderen würden sagen: »Was ist das den für ein Arschloch? Der braucht gar nicht mehr mitzufahren.«

Ich bin nur einmal verletzt worden, und zwar durch die Polizei. Im Winter 1972 haben wir den ersten Spielabbruch in der Geschichte des bezahlten Fußballs provoziert, als wir in Fürth auf den Platz gestürmt sind. Einer unserer Spieler war vom Platz gestellt worden, in einem Spiel, das unter völlig irregulären Bedingungen stattfand. Die Fürther hatten Salz auf den vereisten Rasen gestreut und das ganze Spielfeld in eine Schlammbahn verwandelt. Ein Nürnberger wurde vom Platz gestellt, dann flog eine Signalrakete auf den Rasen, und wir haben das als Zeichen genommen, das Spielfeld zu stürmen. Da hat mir dann ein Polizist mit dem Gummiknüppel so über den Kopf gehauen, daß ich ohnmächtig geworden bin. Mit der Gehirnerschütterung und den Kopfschmerzen hatte ich bestimmt eine Woche zu kämpfen.

Zwei Jahre danach bin ich, wieder in Fürth, zum einzigen Mal verhaftet worden. Wir hatten damals ein Typ im Fanklub, Johnny hieß der, das war so ein Unikum, ganz groß, lange Haare, und hat ziemlich schlimm ausgesehen. Auf dem Weg zum Spiel hatte er gerade seine Bierflasche ausgetrunken. Als ein paar Fürther um die Ecke kamen, hat er seine Flasche in deren Richtung geschmissen. Auf der anderen Straßenseite hat ein Polizeibus gestanden, da sind sechs Mann rausgesprungen und haben angefangen, auf ihn einzuschlagen. Mit sechs Mann! Das war abartig! Da hat sich mein sehr empfindliches Gerechtigkeitsverständnis entladen. Ich hab das nicht geglaubt und konnte nicht anders, als mich dazwischenzuwerfen. Außerdem war ich damals bei der Bundeswehr, den Gebirgsjägern in Berchtesgaden, was eine üble Schinderei war und bei mir unheimliche Aggressionen erzeugt hat. Ich hab es jedenfalls weder vorher noch hinterher gemacht, aber da habe ich einen Bullen weggekickt. Weil die anderen Jungs aber nicht mitgemacht haben, waren dann Johnny und ich fällig. Die Polizei hat uns dann in die Zelle gesteckt und erst abends um neun wieder rausgelassen. Ein Verfahren gab es auch, wo ich zu fünfzig Tagessätzen verurteilt worden bin, die allerdings niedrig waren, weil ich halt bei der Bundeswehr war.

Es war nicht vor 1975, daß wir unseren Fanklub gegründet haben, also viel später als anderswo. Den Begriff »Fanklub« hatte man schon mal gehört, wußte aber nicht, was das ist. Wir waren in der Besetzung schon jahrelang zusammen, haben uns auch unter der Woche in der »Seerose« getroffen, sind bloß nicht auf die Idee gekommen, uns Fanklub zu nennen. Das erste Mal, daß ich das gesehen habe, war, als Hessen Kassel bei uns gespielt hat. Die kamen in unsere Kneipe – es war nicht so, daß immer gleich die Feindschaft da war, man hat sich die angeschaut und manchmal war es halt o.k. – und hatten auf ihrer Weste stehen: »Fanklub KSV Hessen Kassel«. Das hat es wohl bei uns in Gang gesetzt. Weil wir die von der »Seerose« waren, haben wir uns halt Fanklub »Seerose« genannt. Wir hatten auch einen sehr kreativen Zeichner, der etliche Embleme entworfen hat, die man aus der Rückschau eigentlich wunderbar hätte vermarkten können. Die gab es damals nämlich vor jedem Stadion der Bundesrepublik zu kaufen, woran aber nicht wir, sondern die Souvenirverkäufer verdient haben. Die müssen Zehntausender-Auflagen erreicht haben, denn damals hatten alle Leute eine Kutte, wo die Dinger draufgenäht wurden.

Wir waren gut hundert Leute im Fanklub, waren aber darauf bedacht, keine totalen Vereinsmeier-Strukturen reinzubringen. Das war jetzt nicht so, weil das irgendwelche Studenten waren, die das aus Überzeugung nicht wollten. Aber wer sollte denn Präsident werden? Derjenige, der gut reden kann? Der was in der Birne hat? Der gut hinhauen kann? Oder derjenige, der die Fahrten organisiert? Da konnten wir uns nicht einigen. Also hatten wir keinen. Es gab nur einen sogenannten Pressesprecher, das war ich, weil dauernd Anfragen von Zeitungen, Fernsehen und Funk kamen.

Es war damals so, daß die Presse über die Fans gnadenlos hergefallen ist. Speziell in Nürnberg haben wir echte Probleme gehabt. Es gab da einen Typ, der schreibt heute noch für die »Nürnberger Nachrichten«, der hat uns in halbseitigen Kommentaren zweimal so zur Sau gemacht, daß jeder in seinem Job echte Schwierigkeiten hatte. Die Leute auf der Arbeit haben gesagt: »Du bist doch auch in dem Fanklub ›Seerose‹, was seid Ihr denn für ein asozialer Haufen?« Ich bin damals zum Gymnasium gegangen, da war es manchmal auch ein Problem, wenn ich am Montag in die Schule gekommen bin und der Lehrer mich gefragt hat, ob ich nicht im

Fanklub bin. Da hat sich die ganze Klasse umgedreht, und ich stand als Asi da.

Zum Fußball fahren, das war sowieso schon igitt. Und sich mit solchen Leuten umgeben noch mehr. Ich glaube, daß sich das Publikum beim Fußball sehr verändert hat, wahrscheinlich weil es nicht mehr so viele Leute gibt, die so prolo sind wie früher. Damals hieß es: »Tja, Fußballfans sind halt so.« Weshalb sich auch von sechzigtausend Zuschauern im Stadion nur zwanzigtausend dazu bekannt haben. Wenn man die anderen gefragt hat, ob sie beim Spiel waren, haben sie das eher verneint. Man konnte schlecht dazu stehen, denn Fußballfans waren das Letzte. Und deshalb haben sogar Leute von der »Seerose« das am Montag verleugnet. »Ich arbeite bei der ›Dresdner Bank‹, wenn ich denen sage, daß ich im Fanklub bin, kriege ich morgen meine Papiere.« Aber solche Leute waren natürlich relativ wenig dabei. Die wenigsten hatten eine weiterführende Schule besucht. Das ist heute anders, da findet man Gymnasiasten und Studenten. Das ist gar kein Thema.

Wir wußten nun, daß der Journalist, der die negativen Berichte über uns geschrieben hatte, immer im gleichen Zug saß – natürlich Erster Klasse. Und als wir zum Spiel nach Hof gefahren sind, haben wir ihn uns gepackt. Und haben ihn aus dem Fenster des fahrenden Zug gehalten. Da hat er mit seinen Haaren immer ganz knapp die Pfosten geschrappt, während wir gefragt haben: »Was schreibst Du da für eine Scheiße, da stimmt nicht einmal zehn Prozent!« Was auch wirklich so war, denn er hatte total überzogen. Er war bei irgendwelchen Auseinandersetzungen natürlich nicht dabei und hat sich nur über Polizeiberichte informiert.

Nach dieser Aktion hat er nie mehr was Übles über uns geschrieben. Er hat sogar kurze Zeit später, als wir von Schaffnern im Zug eingeschlossen worden waren und einer dann eine Scheibe eingetreten hat und die Bahnpolizei kam, mit der Polizei gesprochen. Er hat dann eine kleine Sammlung organisiert, jeder hat zwei Mark für die kaputte Scheibe gegeben, und er hat den Rest gezahlt. Damit hatte er die Situation bereinigt, und so ist das Verhältnis besser geworden.

Früher war es so, daß die Gewalt und der Vandalismus größer waren, aber die öffentliche Wahrnehmung schwächer. Heute ist es umgekehrt. Aber im Bewußtsein der Bevölkerung gibt es immer eine Gruppe, die als die üblen Typen gelten. Vor den Fußballfans waren das die Rocker. Die nannten sich zwar Rocker, aber Motorradfahrer waren die eigentlich nicht. Motorradgangs haben sich erst später entwickelt. Das waren noch eher so Typen wie Marlon Brando, mit schwarzer Lederjacke. In meinem Viertel gab es viele Rockergangs, die sich nachts um ein Uhr mit Ketten und Messern auf der Straße getroffen haben – dieser Straßenzug gegen jenen, das Viertel gegen das. Da hat man sich eine Viertelstunde geprügelt, Polizei kam damals sowieso nicht. Oder mal ein Streifenwagen, wo die Polizisten dann gesagt haben: »So Leute, das war's für heute. Geht nach Hause!« Der Stern der Rocker ging Anfang der Siebziger unter, als das mit den Fußballfans losging. Obwohl das eine mit dem anderen nicht viel zu tun hatte. Wir waren hundertprozentige Fußballfans, die nicht vor dem Spielende gegangen sind, wie die Hools das heute manchmal machen. Und selbst die Besoffenen, die im Stadion geschlafen haben, wollten das eigentlich nicht. Die hatten das Trinken nur nicht unter Kontrolle. Die haben stundenlang in der Kneipe gehockt, kamen an die frische Luft, und dann war es um sie geschehen. Zunächst war jedenfalls Fußball angesagt. Alles andere, den Vandalismus und die Schlägereien, hat man aber schon billigend mitgenommen. Gewalt stand in zweiter Linie, und wir haben auch an einem Tag, wo nichts war, nicht gesagt: »So, jetzt gehen wir in die Kneipe und hauen die platt.« Es waren schon Anlässe da, allerdings war die Hemmschwelle sehr, sehr gering.

(lacht) Da reichte es schon, wenn wir das Lokal verlassen haben, daß der Wirt uns aufforderte, noch unsere Biere zu bezahlen.

Weshalb ich trotzdem dabeiblieb, lag daran, daß unsere ganze Clique im Fanklub – das waren acht, neun Leute – immer mehr Einfluß gewonnen hat. Positiven Einfluß. Konkret ging es gegen diese Aktionen, wo vor den Bahnhöfen die Autos demoliert wurden. Das war völlig überflüssig, es traf auch die Falschen. Zumal sich zu der Zeit herauskristallisierte, wer was will. Die anderen stehen da drüben, und wir mit dem Emblem vom Fanklub »Seerose« auf der Jacke stehen hier. So hat man sich gegenseitig ausgeguckt und unschuldige Zivilisten außen vor gelassen. 1982 beim Pokalendspiel in Frankfurt, da war das schon klar getrennt. An dem Tag hat die Polizei überhaupt keinen Plan gehabt. Da kam am Bahnhof Sportfeld ein Sonderzug mit eintausend Bayern-Fans exakt zum gleichen Zeitpunkt auf Gleis eins an, wie auf Gleis zwei der Sonderzug aus Nürnberg. Ich dachte: Das gibt es doch nicht! Auf dem Weg vom Sportfeld zum Eingang waren hunderte von Schlägereien. Das war richtig übel. Es gab minutenlange Leuchtspur-Schießereien. Einem Freund von mir haben sie genau ins Auge geschossen. Der hat unheimliches Glück gehabt, daß der sein Auge nicht verloren hat, da haben sie noch eine Notoperation gemacht. Das war Wahnsinn!
Ich würde sagen, daß wir die Vorgänger der Hools waren, obwohl noch alle Trikots trugen. Es gab andererseits auch immer eine große Gruppe von Leuten, die so gekleidet war wie wir, die aber keinen Ärger haben wollte und sich bei uns auch massiv beschwert hat. Es war nämlich so, daß die große Gruppe von Normalos unter den Repressalien der Polizei leiden mußte, weil wir auffällig waren. Da kamen diese normalen Fans, die gar nichts wollten, beim Spiel an, wurden

von zwei Hundertschaften Polizei in Empfang genommen und direkt zum Stadion geleitet. Was uns auch gestört hat, denn unsere Clique innerhalb des Fanklubs wollte sich wirklich die Stadt anschauen. Wir haben – das ist wirklich wahr – sogar Kirchen besichtigt. Deshalb hat uns die Polizeipräsenz auch gestunken. Wir wollten doch nicht zum Auswärtsspiel fahren und vom Bahnhof direkt ins Stadion geleitet werden, um fünf Stunden in der Stadionkneipe zu hocken. Irgendwann haben wir dann gesagt: »Jetzt ist Schluß!« Also haben wir unsere Schals und Trikots in Tüten gesteckt, sind zivil aus dem Bahnhof gleich um die Ecke gegangen, haben uns die Sachen wieder angezogen und sind auf Tour gegangen. Das ging aber auch nicht lange gut, dann haben sie uns nämlich in der Stadt eingesammelt. Der nächste Schritt war, daß wir nichts mehr mitgenommen haben. Das ging auch zwei, drei Jahre gut, dann gab es die szenekundigen Beamten, die am Bahnhof standen und gesagt haben: »Der gehört dazu und der, das sind alles Nürnberger!«

1980 stand eine Gruppe jüngerer Fans häufiger in der »Seerose«. Meine Clique hat gesagt, daß sie doch auch mit uns fahren sollen. Aber da haben die Älteren protestiert: »Was sollen wir mit den jungen Bubbeln, das sehen wir gar nicht ein, daß wir die Deppen mitnehmen.« Für mich waren die aber nur vier oder fünf Jahre jünger, während unsere Alten sechs oder sieben Jahre älter als ich waren. Ich habe alles versucht, die bei uns zu integrieren, aber das gelang nicht. Dann gab es sogar die Forderung, sie sollten ein Jahr Probezeit absolvieren. Daraufhin haben die gesagt: »Da könnt ihr uns gernhaben. Da machen wir lieber einen eigenen Fanklub auf.« So haben sich die »Red Devils« gegründet, womit die Trennung in der Fanszene deutlicher wurde. Man nannte sie zwar noch nicht Hools, aber wußte, die wollen was. Die »Red Devils« wurden zusammen mit der »Gelsenszene« in Schalke die beste Truppe, die es in Deutschland in der Richtung gegeben hat. Die waren ideenreich und deren Bildungsniveau war bereits wesentlich höher als bei uns.

In der gleichen Zeit, also '80 oder '81, kam auch der Kontakt mit Schalke zustande. Das war an einem Wochenende, wo wir in Bochum und Schalke zu Hause gespielt hat. Da kam die Idee, nach unserem Spiel zur »Gelsenszene« in deren Stammkneipe zu fahren. Aber gleich haben einige gewarnt: »So kann man das nicht machen, die drehen uns durch den Fleischwolf.« Die »Gelsenszene« war damals ultrabrutal, das war Horror. Einfach mit fünfzig Leuten dahinfahren, konnten wir nicht. Also haben wir drei Leute hingeschickt, weil wir gedacht haben, drei Mann werden sie schon nicht zusammenhauen. Die sind also hin und wurden völlig begeistert begrüßt. Da hieß es dann: »Die Altmeister müssen doch zusammenhalten, außerdem haben wir gehört, daß ihr 'ne gute Truppe seid.« So war der Bann gebrochen. Die haben uns in der Bochumer Kneipe angerufen, wo wir gewartet haben. Wir sind dann dahin und es gab eine Riesenparty. Zwei Wochen später hat Schalke gegen Bayern gespielt, und wir irgendwo in der Nähe. Da haben wir uns geeinigt, daß wir vorher in Gelsenkirchen aussteigen, und wenn der Zug mit den Bayern einfährt, stürmen wir den. Und so war es dann auch. Das war die erste gemeinsame Aktion und der Beginn einer echten, langen Freundschaft.

Unsere Leute waren im Vergleich zu den Schalkern noch Lämmer. Wir sind mal bei denen zu deren Kneipe gefahren. Die Straßenbahn mußte ein paar Schritte vor der Haltestelle, wo die Kneipe war, an der Ampel warten. Da haben sich vier Schalker an die Haltestangen gehängt, die Fenster rausgetreten und gesagt: »Wir steigen hier aus!« Und schon waren sie rausgesprungen. Vielleicht haben die das auch gemacht, um uns zu imponieren. Aber das waren Sachen, die unsere Leute nicht kannten. In Nürnberg hätten wir uns das nicht erlauben können. Wenn man das in Bayern gemacht hätte, hätten sie eine Woche lang gefahndet. Und in Gelsenkirchen hat man sich von Seiten der Polizei mit solchen Sachen schon gar nicht mehr aufgehalten.

Für mich als Jugendlicher war das eine schöne Zeit. Es waren nicht nur üble Gewalttaten, es waren auch verbindende Sachen. Vier- oder fünfmal haben wir Fußballturniere auf dem Gelände des Klubs organisiert, mit Fan-Mannschaften aus der ganzen Bundesrepublik. Und hinterher gab es richtig geile Partys, wo es keine Probleme gab. Und wenn wir uns mit den Schalkern getroffen haben, war das zumeist auch einfach Party. Das waren einfach ganz lustige Leute.

Fasziniert schaut der Philosoph Norbert Bolz ins Fuß-
ballstadion, denn er beobachtet: »Da rotten sich Kräfte
zusammen, die wir mühsam mit jahrhundertelanger
Aufklärung und zivilisatorischen Tabus eingedämmt
haben.«

Die Stimme am anderen Ende der Leitung ist bereit, jede Interviewanfrage gleich im Ansatz abzuwürgen. Doch »Fußball« ist auch hier ein Zauberwort, das zum schlagartigen Stimmungsumschwung führt. »Natürlich, kommen Sie vorbei. Darüber können wir gerne sprechen!« Auch beim Gespräch in seinem Dienstzimmer ist Prof. Bolz ausgesprochen aufgeräumt. Der Philosoph und Dozent für Theorie des Designs an der Universität Essen ist ein moderner Gelehrter mit schickem Anzug und teuren Schuhen, dem es Spaß macht, sich durch fachfremde Bereiche zu bewegen. Er plaudert gerne über seine Vorliebe für den 1. FC Kaiserslautern, die er allerdings zumeist vor dem Fernseher auslebt. Außerdem möchte er endlich mal seinen Unmut über den verschämten Umgang der Intellektuellen mit dem Fußball loswerden.

Ich finde das Aufregende eben gerade dies, daß sich der intellektuelle Fußballfan immer hinter einer Kappe versteckt. Man ahnt es gar nicht und kommt erst nach vielen Gläsern Wein darauf. Dabei gibt es eine große Menge hochinteressanter, hochintellektueller Leute, die dann plötzlich bekennende Fußballfans werden. Bei uns ist es eindeutig eine Sache des schlechten Gewissens. Und das führt mitten in die Frage hinein, worum es denn beim Fußball geht.

Worum es da geht, das sind Dinge, die von intellektueller Seite, von der Seite des kritischen Bewußtseins, total tabuisiert sind. Es ist vor allem das Siegen wollen. Das Entscheidende am Fußball ist, daß es strategische Probleme aufwirft und damit sehr viel Ähnlichkeit mit einer kleinen Schlacht hat. Bei uns ist vieles erlaubt, aber auch einiges verboten, wie eben z. B. Siegen wollen. Sie kennen diese berühmte Formel »Dabeisein ist alles«, was nun die Verdrängungsformel und der Schwachsinn an sich ist. Selbstverständlich interessiert sich niemand dafür, daß wir irgendwo dabei sind und nette Menschen oder Botschafter der Fairneß oder so ein Blödsinn, sondern alle interessieren sich nur dafür, daß jemand Erster wird und unsere Mannschaft siegt. Und zwar: unsere Mannschaft. Damit haben sie im Grunde schon zwei wesentliche Tabus, einmal das Siegen wollen, und das Zweite ist die Identifikation. Also man identifiziert sich mit Borussia Dortmund oder gar mit der Nationalmannschaft. Dann haben sie sogar noch ein drittes Tabu, nämlich die Nation. Und der Fußball ist nun eine wunderbare Art und Weise, sich um diese Begriffe herumzudrücken und trotzdem alle diese Wünsche zu erfüllen – zumindest im geheimen. Ich vermute einfach, daß die Faszination um so mehr ansteigt, um so mehr uns die offizielle Kultur, vor allem die kritisch intellektuelle Kultur, verbietet, sich zu identifizieren, zu siegen, gar zu triumphieren. Was gibt es Schrecklicheres als einen triumphierenden Sieger? Nein, in Wahrheit gibt es nichts Schöneres. Das hat natürlich mit historischen Traumata der Deutschen zu tun. Das hat also seinen guten Grund. Aber durch eine offizielle Kulturtechnik des Niedrigerhängens und des Bescheidenseins und des sich Zurücknehmens verdrängt man noch nicht die Wünsche. Denn der Fußball erfüllt Wünsche, und die sind teilweise unbewußt, bzw. sie lassen sich nicht einfach rational, durch Vernunft und Aufklärung reglementieren. Insofern sind es also vor allem Intellektuelle, die sich der offiziellen Kulturnotwendigkeit zwar beugen und am Werk der Aufklärung, der deutschen Bescheidenheit und Multikulturalität mitarbeiten, aber gleichwohl einen außerordentlichen Genuß verspüren, wenn eine Strategie zum Sieg führt und wenn der Sieg auch noch auf der richtigen Seite, nämlich der unseren ist. Gerade hier im Ruhrgebiet ist es nun geradezu mit Händen zu greifen, daß die Identifikation mit einem siegreichen Kollektiv für eine ganze Region eine ungeheure Bedeutung hat. Es gab da einen Artikel über Moldawien, wo alle Leute gesagt haben, Moldawien existiert erst, seit sie Wales 3:2 geschlagen haben.

Es geht also beim Fußball um weitaus mehr als um ein Spiel, gerade deshalb kann man sehr gut erkennen, daß ein Spiel immer mehr ist als nur die unernste Form von Lebensritualen. Gerade ein Spiel, das fasziniert, ist sehr ernst. Die Differenz zwischen Spiel und Ernst muß man ganz neu denken, meine ich. Spielelemente spielen in den Ernstfällen unseres Lebens eine ganz große Rolle. Denken Sie daran, daß man seit John von Neumann *(Nobelpreisträger für Wirtschaftswissenschaften, Anm. d. A.)* die sogenannte Spieltheorie auf die Welt der Wirtschaft und vor allem auf die Welt der Rüstung mit allergrößtem Erfolg hat anwenden können. Der Ernst des Lebens ist mithin durch Spiele sehr gut modellierbar. Und umgekehrt sind Spiele natürlich erfüllt von heiligstem Ernst. Das merken sie daran, daß es keine schlimmeren Menschen auf der Welt gibt als die, mit denen man spielen will und die dann das Spiel nicht ernst nehmen. Sie spielen Federball oder Skat, und sie wollen nicht gewinnen. Mit diesen Leuten kann man nicht spielen, die wissen nicht, was ein Spiel ist. Weil sie denken, ein Spiel ist spielerisch und unernst. Das ist natürlich ein vollkommener Irrtum. Daran wird man eben erinnert, bei solchen Gelegenheiten, wenn man mal einen Schritt herausmacht aus Deutschland und mit Menschen zusammentrifft, die mit frohestem Herzen über den Triumph ihrer Mannschaft jubeln. Mir wird nie dieses Bild aus dem Sinn gehen, für mich das eindrucksvollste der letzten Weltmeisterschaft, als alte Frauen in Sao Paulo vor den Fernsehkameras knieten und während des Elfmeterschießens das Vaterunser gebetet haben. Da kann man viel mehr über Fußball lernen als in solchen Sprüchen wie dem von der schönsten Nebensache der Welt. Das sind alles Verdrängungs- und Tabusprüche, die den wahren Fan aber natürlich nicht irritieren.

Warum dürfen wir denn nicht siegen? Warum ist der Sieg tabu? Das hat einen ganz einfachen Grund. Sie können

Rot wie Blut, weiß wie Schnee, das ist unser RWE!

schon bei Hegel, in der »Phänomenologie des Geistes«, lernen, daß unsere Kultur, die des Bourgeois und des Citoyen, also die bürgerliche Kultur, eine Kultur der Knechte ist. Der Knecht hat den Herrn, den alten Despoten, besiegt, und nun sind wir alle Demokraten. Wir sind alle frei, gleich und bürgerlich auf der Ebene der allgemeinen Knechtschaft. Wir sind alle emanzipierte Knechte, wenn sie so wollen. Seither hat der Sieg etwas Anrüchiges. Seither haben wir andere Formen des Umgangs gefunden, wie es unter Brüdern, Freunden, Kollegen üblich ist, nämlich den Konsensus – das Lieblingswort der kritischen Intellektuellen. Man bespricht sich, man klärt alles über Diskussionen, man kommt überein, bis alles wunderbar einig ist. Hinter dem Sieg steckt immer noch die Figur des Herren, der dem Unterlegenen den Fuß in den Nacken stellt. Nun gibt es aber kaum eine Vorstellung, die das Triumphale besser ausdrückt als diese – also die Knechtung. In jedem Sieg steckt auch ein Stück Knechtung. Da das aber unseren fundamentalen bürgerlichen und demokratischen Prinzipien flagrant widerspricht, sind wir damit einen Schritt zurück in eine längst vergessene Kultur gegangen. Eine Kultur, in der es noch Sieger und Besiegte, Herren und Knechte, Mächtige und Ohnmächtige gibt. Uns bleibt im Grunde nur noch übrig, offiziell erlaubt: die Schadenfreude. Wenn nämlich ein Mächtiger, im Sinne von materiell mächtig – also Bayern München – gegen einen kleinen, scheinbar Ohnmächtigen verliert. Also wenn der Knecht, der Ohnmächtige, den Herrn besiegt. Das ist ja die Urgeschichte unserer bürgerlichen Kultur: die Knechte rotten sich zusammen, um die Herren endgültig aus der Geschichte herauszukatapultieren. Wenn man aber wieder den alten Triumph erinnert, die Gebärde des Siegers, dann fällt man heraus aus der bürgerlichen Geschichte, und das ist ein Skandal, der ganz instinktiv von allen gespürt wird. Aber das ändert nichts an dem Wunsch, dieses noch einmal zu spüren.

196

Das ist der Grund, warum der Sport in unserer westlichen Zivilisation eine immer größere Bedeutung gewinnt. Als Kompensation für das, was sie uns nicht mehr gönnen kann.

Die Identifikation mit der eigenen Mannschaft ist natürlich ganz fundamental, denn sie bringt erst die Emotionen in Bewegung. Wenn man die rein physiologischen Bedingungen des Besuchs auf dem Fußballplatz betrachtet, ist es überhaupt nicht attraktiv. Was es attraktiv macht, ist das Purgatorium der eigenen Gefühle, und das kann man natürlich nur erleben, wenn man sich identifiziert. Einem neutralen Beobachter kann das gar nichts bringen.

Dadurch, daß es eine Identifikationsleistung ist, die man da bringt, macht man natürlich eine Massenerfahrung. Das ist das Begeisternde, weshalb man auch wahnsinnig enttäuscht ist, wenn das Stadion nicht gut gefüllt ist. Einerseits ist ein ausverkauftes Stadion bedrängend, was aber das Emotionale betrifft, ist eben nichts schöner als das. Warum? Weil die massenweise Identifikation gelingt. Man identifiziert sich ja nicht nur mit dem Kollektiv, das da stellvertretend agiert, nämlich der Mannschaft, sondern man identifiziert sich mit der ganzen Masse. Man geht auf in der Masse. Man ist zu gewissen ekstatischen Begeisterungsstürmen nur in dieser Masse in der Lage. Man kann schlecht alleine vor dem Fernseher so jubeln wie zusammen mit Tausenden von anderen in einem Stadion.

Man hat es also mit doppelter Identifikation zu tun, wie in der griechischen Tragödie. Sie haben die Helden auf der Bühne bzw. auf dem Rasen, aber sie empfinden mit dem gesamten Publikum, für die da stellvertretend agiert wird. Die Spieler übernehmen eine gewisse Verantwortung für die Zuschauer.

Es ist ja nicht so, daß man ins Stadion geht und wartet, was nun passiert. Dadurch, daß man seinen Obolus entrichtet, verpflichtet man die Spieler auch zu einer gewissen Performance. Es sind eben nicht Zuschauer im Sinne der alten Guckkastenbühne, deshalb habe ich griechisches Theater und nicht humanistisches Theater gesagt. Es sind nicht Zuschauer, die aus der Distanz ein Geschehnis verfolgen, sondern es sind Zuschauer, die wissen, sie sind mit auf der Bühne präsent. Und deshalb ist es auch völlig richtig, wenn jeder Zuschauer für sich beansprucht, absolut kompetent zu sein, Trainer zu sein, es besser zu wissen, im Grunde sogar besser spielen zu können. Die Zuschauer kritisieren nicht nur den Trainer, daß er falsch aufgestellt hat, daß er also die Komplexität des Spiels nicht begreift, sondern sie kritisieren auch den Spieler, weil sie virtuell auch besser spielen können. Das ist nicht lächerlich. Man kann sich leicht über einen alten Opa lustig machen, der einem 20jährigen Spieler zuruft, daß der nicht spielen kann. Und der Rückruf »Mach's doch besser!« ist natürlich völlig blödsinnig. Denn das ist das eigentliche Verhältnis: Der spielt für ihn.

Identifikationsprozesse sind Prozesse aus der Urzeit der Zivilisation, primäre Formen der Gemeinschaftsbildung. Das ist sicherlich ein Gemeinschaftserlebnis und kein gesellschaftliches Faktum. Der Unterschied zwischen beidem ist der, daß die Gesellschaft aus entfremdeten Einzelindividuen, die sich bei bestimmten Gelegenheiten vergesellschaften, gebildet wird; d. h. es gibt immer eine notwendige Distanz. Wenn man so will, ist die gegenseitige Fremdheit eine der Grundbedingungen, daß eine Gesellschaft funktioniert. »Universal otherhood« hat Benjamin Nelson das einmal so schön genannt. Diese universale Andersheit ermöglicht es, daß wir zu allen zivilisierte Beziehungen haben. Der Bruder wird genauso behandelt wie ein vollkommen Fremder, Hauptsache er gehört derselben Zivilisation an. Das ist natürlich etwas anderes als eine Bruderschaft. Und das, was manchmal Atavismus genannt wird, ist das Verbrüdernde einer Fan-Gemeinde, die nämlich die In-Group von der Außenwelt abschließt. Sie sind eine Welt mit ihrer Mannschaft, und dann gibt es die Welt da draußen. Das hat mit Zivilisation vergleichsweise wenig zu tun, das hat aber sehr viel zu tun mit Gemeinschaft, wenn sie so wollen mit Brotherhood, wie Benjamin Nelson den Gegenbegriff bildete: »tribal brotherhood«, eine stammesmäßige Gemeinschaft.

Das ist deshalb so negativ besetzt, weil unsere westliche Gesellschaft von der Befreiung lebt, hin zur »universal otherhood«. Aufklärung ist vor allen Dingen die Aufklärung über Vorurteile, und Vorurteile bilden sich vor allen Dingen im Stamm. Man hält die eigenen Werte für höher als die einer fremden Gruppierung. Aufklärung, Zivilisation in unserem Sinne, Rationalität, worauf wir so stolz sind, ist untrennbar verbunden mit der Auflösung dieser Stammesgemeinschaften. Man sagt, du bist Weltbürger und nicht Stammesangehöriger. Uns wird eingetrichtert, wir sollen erst Europäer sein und dann Deutsche, Schwaben oder Pfälzer. Das ist klassische Aufklärung. Immer universaler werden, auch die Werte immer universaler begreifen. Also keine Binnenmoral entwickeln. Damit ich nicht mißverstanden werde: das ist notwendig, damit Gesellschaft im zivilisatorischen Maßstab und weltweit funktionieren kann. Aber der Preis der Aufklärung ist unheimlich hoch. Und so sucht sich unsere zivilisierte Gesellschaft immer wieder Ventile und Nischen, wo man diese unterdrückten und geopferten Gefühle noch einmal bedienen und trösten kann. Und das zu tun, ist sicherlich eine der fundamentalen Leistungen solcher Kollektivsportereignisse.

Gerade den aufgeklärten, kritischen Bewußtseinen fehlt ein unbefangeneres Verhältnis zu diesem eminenten Bedürfnis, sich einmal zu identifizieren, auch ein Glücksgefühl des Sieges zu haben. Das hat in unserer Zivilisation keinerlei Ort mehr. Gerade als aufgeklärte Menschen müssen wir sagen:

Da droht eine Gefahr. Wir müssen einen Weg finden, die Bedürfnisse zu befriedigen, diese Wünsche zu erfüllen, sonst werden sie einmal in einem verhängnisvollen politischen Ausmaß sich Platz schaffen und explodieren. Siegmund Freud hat in dem berühmten, aber durch seine Berühmtheit fast unbekannt gebliebenen Buch »Unbehagen in der Kultur« gesagt, daß die Verlustrechnung des Zivilisationsprozesses gigantisch groß ist. Was uns zugemutet wird, nämlich anständige westliche Europäer zu sein, ist eine ungeheure Herausforderung an unsere anthropologische Ausstattung. Wohin das führen wird, weiß ich, Siegmund Freud, im Moment nicht, aber man muß befürchten, daß sich das alles einmal wieder in einem Krieg Luft schafft.

Wenn jemand sagt, daß Fußball eine Art Ersatzkrieg ist, müßte man also eigentlich umgekehrt darauf reagieren und nicht vom Fußball zurückschrecken, sondern überlegen: Heißt das nicht, daß es einen gewaltigen Bedarf gibt, mit einem Bereich des Menschlichen umzugehen, der in unserer Kultur keinen Ort und keinen Unterschlupf findet? Es gibt anderswo noch ähnliche Phänomene. Sie können dem im Grunde ganz einfach auf die Spur kommen, indem sie nämlich untersuchen: Was machen Leute gerne, was aber gleichzeitig Tabu ist? Sex & Crime im Fernsehen gehört dazu, genauso wie Drogen. Denken Sie an Alkohol, was die interessanteste Droge ist. Die anderen Drogen sind uninteressant, weil sie als Drogen auftreten. Und Alkohol taucht eben nicht als Droge auf. Paßt ja auch gut zum Fußball. Und was passiert da? Man erzeugt Bewußtseinszustände und physiologische Zustände, die genauso aus der Welt der Zivilisation, der Rationalität und Aufklärung herausfallen wie die emotionalen Identifikationszustände, die solche Ereignisse wie ein großes Fußballspiel erzeugen.

Das sind alles Regressionsphänome, wir unterschreiten also das Level unserer zivilisatorischen Standards und Normen.

Aber überall da, wo wir das tun, werden Wünsche erfüllt. Denken Sie an die Musikszene, das Tanzen. Überall, wo sich Ekstasen ein bißchen andeuten, und seien sie auch noch so bescheiden, überall da wird im Grunde der Vertrag mit der westlichen Zivilisation auf Zeit gekündigt. Wahrscheinlich hängt sogar das Überleben der westlichen Zivilisation an diesen Suspensionen, daß man es mal außer Kraft setzt, kleine Ausnahmezustände einrichtet. Da wird Rationalität systematisch außer Kraft gesetzt. Das sind Phänomene, die im Grunde Familienähnlichkeit mit dem Fußball haben.

Und das versucht man natürlich einzuengen. Daß die Spieler nicht mehr ans Gitter dürfen, um ihre Jubelorgien zu zelebrieren, das sind so typische Versuche, aus dem Fußball eine Zivilisationsveranstaltung zu machen. Das kommt alles von der FIFA, von Leuten, die das am liebsten zusammen mit der »Aida« bei der nächsten EXPO aufführen würden. Das soll gesellschaftsfähig werden, im Sinne von zivilisatorisch korrekt. Der Widerstand dagegen war ja eigentlich spektakulär groß. Die Leute haben, ohne das begründen zu können, gesagt: Das ist eine Katastrophe, wenn man die Spieler nicht mehr jubeln lassen darf, sie sich nicht mehr umarmen und küssen dürfen. Die Leute, die das verbieten wollten, die haben gewittert, was darin liegt: da rotten sich Kräfte zusammen, die wir mühsam mit jahrhundertelanger Aufklärung und zivilisatorischen Tabus eingedämmt haben.

Dagegen ist die Selbstinszenierung des Publikums eine neue Qualität, und eine sehr positive zudem. Das Publikum begreift, daß es selber mit zur Inszenierung gehört. Und das wiederum korrespondiert mit einem insgesamt höheren gesellschaftlichen Bewußtsein fürs Inszenatorische und für Simulationen. Man akzeptiert, daß alles Mögliche inszeniert ist. Die Politik ist reine Inszenierung, es gibt eine Ununterscheidbarkeit von Schauspielern und Politikern. Es gibt Begriffe wie »Events«, alles präsentiert sich in den Medien.

Auch die Zuschauer können damit rechnen, daß sie interviewt werden. Dabei entwickeln sie ein Bewußtsein für das Medienspektakel als solches, und die Leute feiern sich selbst mit. Und das bekommt dem Fußball, fördert die Atmosphäre und fördert letztendlich auch das Spiel auf dem Rasen. Die Synergie zwischen dem Publikum, den Spielern und den Medien, die ganz wesentlich mit zu dieser Inszenierung dazugehören, das ist sicher eine neue Qualität. Ich sehe alle diese Entwicklungen absolut positiv, nämlich im Sinne eines größeren Potentials des Inszenatorischen, der Performance. Performance spielt die zentrale Rolle. Es ist nicht mehr die deutsche »Leistung« im klassischen Sinn, sondern die Leistung muß sich auch verkaufen, die muß sich auch inszenieren können.

Dirk Mansen ist Vorsitzender des »Supporters Club«
im Hamburger SV, weil er der Überzeugung ist:
»Wenn man nicht im Verein arbeitet,
bleibt man als Fan immer Bittsteller.«

Die Bagger haben von der alten Haupttribüne des Stadions am Rothenbaum nur noch dieses Häuschen auf Höhe der Eckfahne übriggelassen. Durch die Stahltür geht es eine enge Stiege hinauf, dann kann man durch die großen Scheiben über den Platz schauen, wo Uwe Seeler und Charly Dörfel einst in den großen Derbys der Oberliga Nord ihre Tore geschossen haben. Doch heute gibt es den Hamburger SV hier nicht mehr wirklich, nur die Amateurmannschaft kickt noch am Rothenbaum. Und vielleicht wird er bald ganz abgerissen, um Häusern zu weichen. Es ist schlüssig, daß der »Supporters Club« im HSV seinen Raum gerade an diesem Ort hat. »Das Familiäre ist in die Binsen gegangen, als man zum Start der Bundesliga von hier ins Volksparkstadion umgezogen ist. Danach ging es mit dem Vereinsleben bergab«, sagt Dirk Mansen. Der Verein hat die Verbindung zu seiner Vergangenheit verloren, und allein seine Fans versuchen im Fußballgeschäft, Zusammenhänge wiederherzustellen – ehrenamtlich und mit viel Engagement. Daß sie als Fans im HSV organisiert sind, ist in Deutschland einmalig. Dirk Mansen benutzt Formulierungen wie »zum Wohle des Vereins«, die bei ihm gar nicht antiquiert oder angestaubt klingen. Wie ein trüber Vereinsmeier wirkt der BWL-Student (Jahrgang 1964) und Vater einer Tochter sowieso nicht. Doch was wollen er und seine Freunde?

Zwei Freunde und ich hatten Ende 1992 Lust, eine Radiosendung über den HSV zu machen. Also haben wir uns beim »Offenen Kanal« Sendezeit besorgt, ein Konzept erstellt und alle zwei Monate eine Sendung verbrochen. Wir haben über Auswärtsfahrten berichtet, Termine bekanntgegeben oder hatten auch mal Torwart Richard Golz im Studio. Damit die Quote über 0,1 % ging, haben wir Handzettel verteilt. Natürlich haben wir auch versucht, mit dem Verein in Kontakt zu kommen. Also haben wir denen als Demoband eine

Sendung mitgebracht, um zu fragen, ob nicht ab und zu mal ein Gesprächspartner vom HSV kommen könnte. Die erste Reaktion war: »Au fein, da müssen wir aber Lizenzgebühren nehmen.« Das war natürlich wieder ein schöner Schlag ins Gesicht. Aber das Desinteresse erstreckte sich damals auf den gesamten Bereich der Fanarbeit. Wenn man auf der Geschäftsstelle etwas wollte, etwa Termine für Freundschaftsspiele, Kartenwünsche für Auswärtsspiele, die nicht sonderlich gut gefragt waren, hatte man ziemliche Probleme. Es war kein rechter Wille da, diese Serviceleistungen für ein paar wenige Leute zu erbringen.

Weil wir Mitglieder beim HSV waren, haben wir beschlossen, im Verein was zu machen. Also haben wir uns nach einer Jahreshauptversammlung mit einigen Leuten kurzgeschlossen und überlegt, wie ein Engagement aussehen könnte. Die Leute, die da zusammenkamen, hatten zumeist sämtliche Stationen des Fandaseins durchlaufen, vom kleinen Bubi mit Fahne über die Fanklub-Phase, und waren danach mit Freunden auf den Steh- oder auch Sitzplätzen gelandet. Dabei gab es aber immer den Hintergedanken, mal wieder richtig was zu machen. Der Wunsch nach einem Zusammenhalt war da. Dieser ganze Rattenschwanz von gesellschaftlichen Aktivitäten, die sich aus dem Fanleben ergeben, der fehlte. Also hat man jahrelang darauf gewartet, daß jemand etwas macht. Aber es machte niemand. Schweinerei! Also haben wir es selbst gemacht.

Aber was? Wir waren damals 34 Leute – alle Vereinsmitglieder – und haben als solche eine Vereinsabteilung gegründet. Das muß man sich vorstellen wie eine Tischtennis- oder Handball-Abteilung. Nur waren in unser Abteilung die Fans der Fußballmannschaft versammelt. Vorher waren wir schlicht und einfach passive Mitglieder. Das gibt es bei jedem Sportverein. Jemand möchte das Sportangebot nicht nutzen, sondern einfach seinen Obolus entrichten, um im Verein dabeizusein, ein bißchen mitzubestimmen, Informationen zu kriegen und dem Verein durch seinen Beitrag zu helfen. Unsere Idee war, daß wir aus dieser passiven Mitgliedschaft ein paar Aktivitäten herausholen und mehr bieten wollten als die Stadionzeitung und Rabatte auf Dauerkarten. Deshalb haben wir den Supporters Club gegründet, haben uns dabei ganz ordentlich an der Satzung orientiert und einen Vorstand gewählt. Damit sind wir zum damaligen Präsidenten Hunke gegangen. Und der hat es erst mal akzeptiert – mit welchen Absichten auch immer.

Es existierten bei ihm nämlich schon Pläne, die gesamten Fördermitglieder – also die passiven Mitglieder – zu einer eigenen Abteilung zusammenzufassen, um dem Profifußball im Verein mehr Gewicht zu verschaffen. Denn die meisten Fördermitglieder waren wegen des Profifußballs dabei. Diese Abteilung ist ein halbes Jahr nach uns auch noch gegründet worden. Und wir wurden der Einfachheit halber dort als Unterabteilung integriert, weil man nicht alle zu unseren Mitgliedern machen konnte und wir wiederum nicht mehr einfache Fördermitglieder sein wollten. Das hört sich zwar etwas kompliziert an, ist im Grunde aber ziemlich einfach. Wer als Mitglied bei uns geführt werden und unseren Service nutzen will, braucht nur einen zusätzlichen Zettel auszufüllen. Das kostet nichts extra. Daß wir innerhalb eines Jahres fünfhundert Mitglieder zusammenhatten, inklusive 350 Neueintritte, beweist das Interesse. Aber auch die direkten Reaktionen in Briefen und Gesprächen bauen einen schon auf.

Unsere Arbeit ist für den Verein kostenneutral. Wir finanzieren uns ausschließlich aus dem, was wir bei den Bahnfahrten oder der Bewirtung bei den Spielen der Amateurmannschaft – da stellen wir auch die Ordner – verdienen. Wir sind innerhalb von zwei Jahren der größte private Bahnkunde in Norddeutschland geworden. Wenn ich mir vorstelle, daß wir drei

Sonderzüge in der Saison haben und zu jedem Pflichtspiel eine Bahnfahrt anbieten, ist das angesichts der Tabellenstände der letzten Zeit nicht schlecht.

Für unsere Mitglieder bieten wir die Fahrten zum Selbstkostenpreis an, andere zahlen etwas mehr. Das war eines unserer Ziele, als wir angefangen haben, wir wollten für unsere Mitglieder kostengünstige Verbindungen mit der Bahn anbieten, weil die meisten keine Lust hatten, mit dem Bus zu fahren. Außerdem konnte es in den Zügen nicht so weitergehen. Wenn der HSV etwa im Ruhrgebiet spielte, fuhren die Leute in vier, fünf Zügen runter, nervten die anderen Fahrgäste, und die Schaffner kriegten einen Nervenzusammenbruch. Über Zeitungsmeldungen fiel das wieder auf den Verein zurück.

Durch unser Angebot holen wir die Leute zusammen und sorgen mit eigenem Ordnungsdienst auf den Fahrten für Ruhe. Wenn jemand ausklinkt, reden wir erst mal ernst mit ihm, und wenn sich da nichts tut, wandert der gnadenlos zur Bahnpolizei. Aber die härtere Fraktion hat sofort verstanden, daß solche Aktionen nicht nur das Image des Vereins schädigen, sondern auch die günstigen Bahnfahrten gefährden. Außerdem sind wir in der Fanszene recht gut bekannt, schließlich waren wir schon seit Jahren mit dem HSV überall unterwegs, insofern hat man da schon Einfluß. So haben wir wieder viele Leute in die Züge bekommen, die lange nicht mehr gefahren sind oder nur noch mit dem Auto, weil sie keinen Nerv mehr auf Auswärtsfahrten im Zug hatten. Da sind inzwischen Leute reaktiviert, die seit 15 Jahren kein Auswärtsspiel mehr gesehen hatten. Die Sonderzüge teilen wir so auf, daß wir einen richtigen Fanbereich, einen Mitgliederbereich und einen ruhigen Bereich haben. Dann kann man vorher sagen, wo man sitzen will. Wie allerdings derjenige, der mit dem Aktenkoffer und Anzug die Fahrt bucht, am Wochenende mutiert, kann niemand voraussehen. Das haben wir alles schon gehabt, daß jemand hier wie ein kleiner

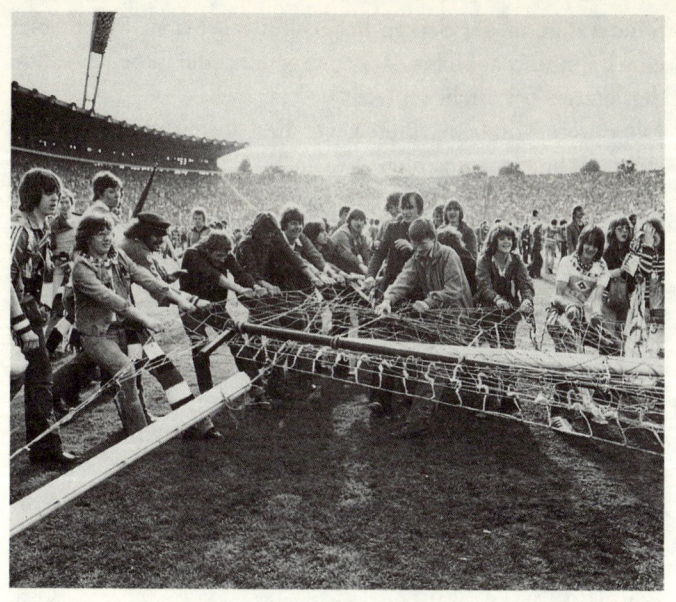

Jubel radikal. Meisterfeier im Volksparkstadion 1979

Bankier ankam und am Samstag total voll am Zug stand, weil er schon zwei Tage unterwegs war und die dritte Flasche Korn angebrochen hatte. Aber trotzdem ist auch die Bundesbahn zufrieden, weil wir teilweise sogar selbst die Karten kontrollieren und so die geringste Schwarzfahrer-Quote in der Geschichte der Bundesbahn zu verzeichnen haben.

Aber das können nur Fans selber. Sobald es von ihnen weg auf eine Ebene des Geldverdienens kommt, geht es schief. Die Preise ziehen an, es wird nicht mehr akzeptiert und der Vandalismus ist wieder da.

Wir verdienen natürlich auch mit den Fahrten. Aber das Geld geben wir wieder aus. Für unsere Zeitung »Supporters News«, wir subventionieren mal eine Fahrt oder verschicken Weihnachtskarten und so was. Wer bei uns Mitglied ist, bekommt also mehr Informationen, günstige Fahrten und an-

208

dere Serviceleistungen wie Kartenreservierung und vereinfachte Kartenbestellung. Und das alles, ohne daß den Verein das etwas kostet. Uns war von vornherein klar, daß all das nur im Verein geht. Sonst ist man immer in der Bittstellerrolle, ob Fans im Stadion für ihr Eintrittsgeld ein gutes Spiel fordern, am Trainingsgelände stehen und um Autogramme betteln oder die Spieler bei irgendwelchen Feiern belagern. Das ist das Bild, das sich den Offiziellen über Jahre eingeprägt hat, weil sie Fans nie anders erleben.

Wir haben ein ganz anderes Anliegen. Wir sind nicht hier, damit Leute schneller Autogramme kriegen oder irgendwelche Spieler dauernd zu Weihnachtsfeiern fahren – obwohl es schön wäre, würden sie es machen. Wir wollen dem Verein zeigen, daß man mit einer vernünftigen zwischenmenschlichen Fanarbeit auch finanziell erfolgreich sein kann. Denn letztlich zählt bei einem Profiverein nichts anderes mehr. Wenn wir unsere Serviceleistungen erfolgreich anbieten, möchten wir irgendwann auch einmal eine eigene Fankneipe und Räume haben, wo man Veranstaltungen abhalten kann, wenn eine neue Geschäftsstelle gebaut wird. Daß wir langfristig für den Verein Geld verdienen können, ist natürlich auch ein Argument, um unsere Anliegen durchzubringen.

Wir haben von vornherein keine Einschränkung gemacht, wer bei uns Mitglied werden darf. Wir müssen für jeden offen sein und das gesamte Spektrum der Zuschauer beim HSV abdecken. Wir haben uns nie auf die Fanklubs beschränkt, im Gegensatz zum Fanprojekt nie auf Problemgruppen spezialisiert oder auf irgendwelche anderen Gruppen. Trotzdem haben wir dem Fanprojekt meines Erachtens nach in den Zügen die ganze Arbeit abgenommen und teilweise sogar in den Stadien. Die Leute kommen nämlich zu uns, wenn was los ist. Wir hoffen natürlich auch, daß wir vielen Leuten eine Orientierung geben können. Manche stehen auf der Kippe, sind altersmäßig in der Phase, wo Massenaufläufe interessant sind. Alle schreien »hey, hey, hey« und die anderen laufen weg. Das war dann toll und ein schöner Tag. Vielleicht zeigen wir denen durch das, was wir hier machen, daß man auch anders Spaß haben kann. Und einige der betreffenden Herrschaften haben das so langsam auch eingesehen. Das ist auch eine soziale Aufgabe, die ein Verein doch eigentlich annehmen sollte. Ich meine nämlich, Gewalt wäre in den letzten Jahren kein so großes Problem gewesen, wenn die Vereine den Jugendlichen mehr Aktivitäten und ein Zusammengehörigkeitsgefühl auf anderer Ebene geboten hätten. Das mag ein wenig naiv klingen, aber es ist zumindest einen großen Versuch wert.

Wir wollen das langsam durchsetzen, was wir für wichtig halten. Nicht in diesem oder nächsten Jahr. Es soll eine Entwicklung in Gang kommen, wo man irgendwann in fünfzehn oder zwanzig Jahren außerhalb steht und sagen kann: So muß es sein! Und dazu will man seinen Teil beitragen. Weil man an dem Verein hängt und an diesem Spiel, nicht nur auf dem Rasen, sondern auch an dem, was auf den Tribünen passiert. Weil man sich dafür begeistern kann und hofft, man kann das auf eine positive Bahn bringen. Und es haben sich viele gemeldet, die geschrieben haben: »Ich dachte, daß ich mit meiner Meise alleine bin. Es ist schön zu sehen, daß ihr auch noch da seid!«

»Mein absoluter Horror wäre ein Pokalfinale zwischen
dem 1. FC Köln und dem VfL Bochum«,
sagt Jean-Marc H., denn er ist Fan beider Vereine.

»Diese Schizo-Situation ist für mich kein Problem. Ich habe zwei Staatsangehörigkeiten. Ich bin Deutscher und Franzose. Ich bin Rheinländer mit dieser gemütlichen Lahmarschigkeit. Manchmal kann ich das nicht leiden, dann brauche ich dieses Direkte wie im Ruhrgebiet,« sagt Jean-Marc. Warum also nicht auch zwei Vereine? Und es gelingt ihm wirklich. Im Ruhrstadion kann er genauso aus der Haut fahren oder jubeln wie in Müngersdorf. Bei den Spielen gegeneinander wägt er ab, wer die Punkte gerade nötiger braucht. Neulich hat er auf Bochum gesetzt. Köln gewann, und Jean-Marc war traurig. Da stellen sich die Fragen von selbst. Wie wird man Fan eines Vereins? Wieso kommt sogar noch ein zweiter hinzu? Und warum sind es gerade diese? Jean-Marc, Jahrgang 1964, lebt in Köln und studiert, versucht Antworten zu geben. Was er studiert und seinen kompletten Namen möchte er aber ungenannt lassen.

Ich bin in Köln geboren, aber bis ich zehn Jahre alt war, sind wir bestimmt schon fünf- oder sechsmal umgezogen. Inzwischen komme ich wahrscheinlich schon auf fünfundzwanzig unterschiedliche Wohnungen. Wir haben zwar hauptsächlich in Köln gewohnt, aber auch mal in Kehl am Rhein, Wiesbaden, Frankfurt, Straßburg und kurz in Paris. Trotzdem war Köln schon irgendwie die Mitte. Obwohl ich andererseits mit der Stadt gar nicht viel zu tun hatte. Weil mein Vater Franzose ist, bin ich auf eine Schule für die Kinder belgischer Soldaten gegangen, wo nur französisch gesprochen wurde. In der Schule hatte ich die Sonderposition, der einzige Schüler zu sein, dessen Vater mit dem Militär nichts zu tun hatte. Das Problem war nur, daß das eine Ganztagsschule war. Wenn ich also nach Hause kam, mußten die deutschen Kinder gerade wieder in die Wohnung. Und dadurch hatte ich nur ein paar deutsche Freunde. Die belgischen Kinder wiederum haben in den Militärwohnungen in einem ganz anderen Teil der Stadt gewohnt.

Diese Situation und die vielen Ortswechsel hatten Vor- und Nachteile. Andere wissen vielleicht, wo sie herkommen, wo ihre Wurzeln sind, aber ich könnte weiß Gott wo hinkommen und würde wahrscheinlich ziemlich schnell zurechtkommen. Wenn ich in Frankreich bin, dauert es ein, zwei Wochen, und dann bin ich Franzose. Ich habe auch mal ein Jahr in Amerika gewohnt, da war ich halt wie die. Das ist so wie bei Zelig, in diesem Film von Woody Allen. Zelig verwandelt sich in jeder Situation und paßt sich sogar äußerlich an. Das hat mir ganz gut gefallen, auch wenn es bei mir dann wohl doch nicht so extrem ist.

Vielleicht war Fußball schon in der frühen Zeit ein gewisser Orientierungspunkt für mich, obwohl ich damals nur einmal mit Bekannten ins Stadion gegangen bin. Wo die eigentliche Lebensmitte war, ist schwer zu sagen, vielleicht habe ich auch deshalb schon relativ früh gesagt: »Ich bin Fan des 1. FC Köln«. Auch wenn ich weiß Gott wo wohne. Richtig deutlich geworden ist das, als wir endgültig aus Köln weggezogen sind. Meine Eltern haben sich getrennt, als ich zehn Jahre alt war. Ich bin dann mit meiner Mutter und meinem Bruder nach Hagen gezogen. Da habe ich ein ganz anderes Leben gehabt. Das war auch gut, ganz normal in der Schule, und nachmittags ging es raus zum Fußballspielen. In Hagen gab es nur Schalker und Dortmunder, und da war es für mich erst recht klar, daß ich Kölner bin. Man war dadurch zwar angreifbarer, hatte am Montag in der Schule aber manchmal auch als einziger den Triumph eines Sieges am Wochenende.

Wirklich ins Stadion zu gehen, hat auch erst in der Hagener Zeit angefangen, und das über den Umweg Basketball. Mitte der 70er Jahre war Hagen nämlich eine echte Basketball-Hochburg mit einem fanatischen Publikum. Das war im Grunde echte Fußballatmosphäre, nur komprimiert in einer kleinen, engen Halle. Zweitausend Zuschauer, die zwei Stunden lang völlig ausrasten. Erst bin ich da gewesen und dann nach und nach mit Freunden nach Schalke oder Dortmund gefahren. Zwischen meinem 13. und 19. Lebensjahr habe ich wahrscheinlich alle Derbys zwischen Schalke und Dortmund gesehen. Früher haben die sich auch noch viel mehr rumgeprügelt. Es war das reine Chaos, und ich war mittendrin und habe mir das angeguckt. Ich war nicht beteiligt, aber ich habe mir diese Fußballatmosphäre gierig einverleibt.

Im Laufe der Zeit bin ich dann auch ab und zu zu den Spielen des 1. FC Köln gefahren. Meistens mit einem Freund zusammen, der auch Köln-Fan war. Anfangs ging es vor allem zu den Auswärtsspielen im Ruhrgebiet. In der Meister-Saison 1978 habe ich sie das erste Mal gesehen, und zwar in Dortmund. Ich bin dann auch noch zum vorletzten Spiel der Saison gefahren, in Köln gegen Stuttgart. Damals war ich vierzehn Jahre alt. Das Spiel war aber ausverkauft, und ich mußte draußen rumlungern. Da habe ich voll die Krise bekommen, obwohl sie 2:1 gespielt haben. Ich dachte, die holen die Meisterschaft doch nicht.

1987 bin ich nach Bochum gezogen, hatte dort aber vorher schon vier Jahre studiert. Da bin ich dann zusammen mit Bekannten immer häufiger zu Spielen des VfL gegangen. Erst mal war es schön, mit Leuten zusammen ins Stadion zu gehen und irgendwelchen Quatsch zu erzählen. Das ist doch immer einer der ersten Gründe überall auf der Welt, und nicht unbedingt das Spiel selber. Irgendwann habe ich dann kein Spiel mehr ausgelassen. In der ersten Zeit war ich immer noch auf der gegnerischen Seite. Auf die Bochumer Seite zu gehen, wäre komisch für mich gewesen, dazu fühlte ich mich noch nicht gehörig.

In diese Zeit fallen auch die ganzen Skandale beim 1. FC Köln, wie der Rauswurf von Schumacher. Die haben es so versaut. Jedes entscheidende Spiel haben die Kölner verloren. Jedes! Seit 1978 haben sie nie mehr was wirklich Wichtiges gewonnen, wenn man mal von irgendwelchen DFB-Pokal-geschichten absieht. Die sind dazu nicht mehr in der Lage. Sie glauben nicht mehr daran. Das ist Agonie und Grauen. Und wie bei einer langen Ehe, kommt dann plötzlich die neue Geliebte. So ist das bei mir mit dem FC und dem VfL.

Bei Spielen gegeneinander bin ich völlig zerrissen. Da dürfte ich gar nicht hingehen. Ganz schlimm war es im Abstiegs-kampf 1993. Da wußte ich nicht mehr, was ich machen sollte. Mein absoluter Horror wäre aber im Grunde ein Pokalfinale des 1. FC Köln gegen den VfL. Da gehe ich dann nicht hin. Aber die beiden Klubs haben sich bislang noch nie im Weg gestanden, sie ähneln sich nur so sehr. Die Kölner haben immer versagt in ihrem Feld. Und die Bochumer haben mei-stens geschafft, was sie sich vorgenommen haben, nämlich nicht abzusteigen. Und das ist auch nicht gerade attraktiv. In ihrer Beschränktheit gleichen sie sich, es sind beides Verlie-rerklubs. Es hat bestimmt auch psychologische Gründe, warum man sich solche Klubs aussucht.

Es hätte ja auch sein können, daß Köln-Fan sein das Anfixen ist, und richtig abhängig werde ich von Schalke. Das ist aber nicht passiert. Diese Geschichte mit dem Verlierersein hat ja auch eine Menge mit einem selbst zu tun. Es gibt eben nicht das böse Schicksal, keine Verschwörung, daß der FC seine wichtigen Spiele immer verloren oder der VfL nie über den Tellerrand geguckt hat. Es hat viel mit eigenen Fehlern zu tun. Die Kölner hatten alle Möglichkeiten, Dominanz für Jahrzehnte zu etablieren. Und sie haben es leichtfertig ver-schenkt und krebsen seit Jahren als Kaspertruppe durch die Gegend. Aber das ist aufgrund eigener Fehler so. Wegen ihrer Borniertheit, Arroganz und all der Dinge, die es für viele nicht nachvollziehbar machen, warum man Köln-Fan ist.

Ich glaube, daß ich inzwischen ahne, warum ich mir diese

Vereine ausgesucht habe oder warum die mich ausgesucht haben. So genau kann man den Zusammenhang allerdings nicht auflösen. Früher habe ich vielleicht eine ähnliche Haltung gehabt wie das, was ich am VfL so hasse, nämlich diese Unfähigkeit, was Neues zu denken. Es heißt immer nur: Wir, die VfL-Familie. Wir retten uns wieder. Dann haben wir wieder Bayern zu Gast, die uns wieder fünf Buden reinhauen. Früher war es für mich vielleicht auch attraktiv, Vereine zu unterstützen, die nichts gewinnen. Was reizt einen denn am VfL? Ich glaube fast, daß alle reif für den Psychiater sind, die den VfL seit Jahrzehnten unterstützen. Ich finde das sehr sympathisch, aber trotzdem… Vielleicht müßte der ganze Verein mal auf die Couch. Und beim FC sind es borniertere, selbstgerechte Klüngelsäcke, die immer sagen, wie toll sie sind, es nach außen aber in keinster Weise einlösen.

Das alles heißt natürlich nicht, daß ich den Verein jetzt wechseln wollte. Solche Leute kenne ich nämlich auch. Aber das ist für mich der absolute Abgrund. Das steht für mich außer Frage. Genauso wie Fußball grundsätzlich außer Frage steht. Wenn ich mir vorstelle, daß ich jetzt 30 Jahre alt bin und die durchschnittliche Lebenserwartung bei 75 liegt, dann habe ich noch 45 Spielzeiten, 45 verschiedene deutsche Meister, Europapokalsieger und elf Weltmeister. Das sind noch unendlich viele »exciting moments«.

Seit Frühjahr 1994 ist Britta Steilmann im Vorstand
von Wattenscheid 09, heute sagt sie: »Es wird nur ein
Mythos um den Fußball aufgebaut.
Fußball hat ein anderes Gesicht.«

Vor dem Flachbau im Wattenscheider Gewerbegebiet steht eine Plakatwand, auf der zwei Fußballprofis im Gestrüpp einer Industriebrache zu sehen sind, neben ihnen ein Zebra aus Pappmaché und im Hintergrund die Silhouette eines Stadions. »Zwei Zebras in der Lohrheide« steht darunter zu lesen. Dieses Überbleibsel der witzigen Kampagne für die Profimannschaft von Wattenscheid 09 weist den Weg zum Büro von Britta Steilmann. Die Plakate waren ihre Idee, doch deren Wirkung versickerte, als die Mannschaft im Mittelmaß der Zweiten Liga versank. Das ärgert sie. Denn was Britta Steilmann macht, will sie auch richtig machen, sei es als Managerin des Vereins, als Produzentin ökologischer Textilien oder auch bei unserem Gespräch über ihr Verhältnis zum Fußball. Alle Telefongespräche in ihr Büro werden gestoppt, ihr großer, zotteliger Hund muß raus, dann zündet sie eine Zigarette an und sagt: »Nun zu unserem Fußballprojekt!«

Sie mag es, über Fußball zu sprechen, das merkt man. Aber ihr Verhältnis zum Fußball ist komplizierter als sonst üblich, es vermischen sich unterschiedliche Aspekte. Sie ist mit Wattenscheid 09 und seinen Fußballern aufgewachsen. Inzwischen ist sie Managerin des Klubs. Eines Vereins, den ihr Vater fast drei Jahrzehnte geführt hat. Und sie ist eine Frau. Wie fügt sich das alles zusammen?

Daß ich heute Managerin bei Wattenscheid 09 bin, wird von vielen Leuten mißverstanden. In Wirklichkeit habe ich mich nicht darum gerissen, sondern es war innerlich ein riesengroßer Schritt, mich für irgendwas in Wattenscheid zu engagieren. Es ist nicht einfach hier zu leben, wenn man den Nachnamen »Steilmann« hat. Wenn man jünger ist, will man aus einer kleinen Stadt weg. Man will nur weg, alles ist so eng. Ich hatte immer Abwanderungsgedanken. Ich war mit einem Bein hier, aber mit dem anderen im Flugzeug. Von meinem siebzehnten bis zweiundzwanzigsten Lebensjahr habe ich – mit kurzen Unterbrechungen – in New York gelebt. Von dort zurückzukommen, war ein großer Schritt. Und als ich wieder hier war, wollte ich mich nicht richtig etablieren und zu Wattenscheid keine starke Bindung mehr haben.

Die SG Wattenscheid 09 war mir während meiner Abwesenheit ganz fremd geworden, ich kannte nur noch ein paar Spieler. Das war ganz anders als früher, wo ich immer von Spielern umgeben war, die zum größten Teil in unserer Firma beschäftigt und abends oft bei uns zu Hause waren. Hannes Bongartz war ungefähr zwanzig Jahre alt, als ich den kennengelernt habe. Da war ich noch ein Kind. Als Carlos Babington in Wattenscheid spielte, war er permanent bei uns. Ich habe ständig Berührungspunkte mit dem Fußball gehabt. Ich bin wahrscheinlich gerade mal drei Jahre alt gewesen, als ich das erste Mal auf dem Fußballplatz war. Meine Schwestern und ich sind für neunzig Minuten im Sand der Weitsprunggrube hinterm Tor abgesetzt und danach wieder nach Hause mitgenommen worden. Damit meine Mutter etwas mehr Freizeit hatte, sind wir sonntags immer mit meinem Vater losgegangen, so bis zum siebten Lebensjahr. Danach habe ich mal ausgesetzt und bin wieder mit zum Fußball gegangen, als ich zwölf Jahre alt war. Ich erinnere mich, daß es meistens Jugendfußballspiele waren. Später, als Klaus Hilpert hier Trainer war, haben wir einen Geheimpakt geschlossen. Da war ich dreizehn oder vierzehn Jahre alt, und die Mannschaft brauchte aus elf Spielen neunzehn Punkte, um nicht aus der Zweiten Liga abzusteigen. Hilpert hat gesagt: »Tu mir den Gefallen und fahr immer mit!« Also habe ich als Maskottchen bei den Heim- und Auswärtsspielen auf der Bank gesessen. Ich kann mich noch daran erinnern, wie schrecklich das war. Vor allem eine Begegnung mit Frank Mill, der gesagt hat: »Was ist denn hier los? Wieso hat

Wattenscheid denn ein Mädchen auf der Bank?« Der kam mit der Haltung: Wie weit ist es denn gekommen, daß hier schon Frauen rumhängen? Na, jedenfalls haben wir die neunzehn Punkte wirklich geholt.

Früher war Fußball ein riesengroßer Teil meines Lebens, aber als ich aus den USA zurückkam, war ich nicht mehr so drin. Nach und nach habe ich aber ziemlich viele Spieler durch ein Lokal kennengelernt, in dem man immer war. Also habe ich gedacht: Na gut, jetzt kennst du die Jungs, gehst du halt mal wieder zum Spiel. Irgendwie hatte ich noch ein Herz für Fußball, aber auf der anderen Seite war damit ein Heimatgefühl verbunden, das ich gar nicht wollte. Deshalb habe ich mich erst auch vor Wattenscheid 09 gesperrt. Der Schritt ins Stadion, wo so viele Erinnerungen waren, das bedeutete total »Heimat«. Und dagegen habe ich mich gewehrt.

Schließlich bin ich doch zum Fußball gekommen und habe irgendwann gedacht: Jetzt bist du hier. Und wenn schon, dann auch richtig. Im Verein war eine Menge passiert, was ich im nachhinein für falsch halte. Wir hatten unsere Stärke immer darin gesehen, junge, hungrige Spieler zu verpflichten, aufzubauen und zu fördern. Mit der Ära Bongartz hörte das auf. Wir waren eigentlich mit Amateuren in die Bundesliga aufgestiegen, und dann holte man plötzlich Halbstars, und es wurde semi-professionell. Damit veränderte sich das ganze Klima. Die Wattenscheider Mannschaft war in Wattenscheid früher nämlich unheimlich beliebt, man wollte auch weiterhin den Schein der Familie wahren, konnte das aber nicht mehr, weil man die Mannschaft total vom Publikum entfernt hat. Die Spieler kamen von anderswo, haben nicht mehr in Wattenscheid gelebt, und niemand hat sich mehr darum gekümmert, daß sie hier sozial etabliert wurden.

Was meiner Meinung nach falsch lief, habe ich dann in diesem Konzeptpapier zusammengefaßt und bin damit Anfang '94 in den Vorstand gewählt worden. Damit hat sich auch mein Verhältnis zum Fußball geändert. Ich würde sowieso nicht unbedingt sagen, daß ich Fußballfan bin, sondern eher Wattenscheid 09-Fan. Schon bevor ich bei 09 tätig war, wußte jeder hier im Büro: Es darf auf keinen Fall ein Termin gemacht werden, wenn Wattenscheid 09 spielt. Ich habe einfach mitgefiebert. Ich bin auch mit größerer Begeisterung zum Fußball gegangen, bevor ich im Fußball gearbeitet habe. Da habe ich viel emotionaler reagiert. Das geht jetzt nicht mehr, es steht dem Vorstand nicht zu. Ich habe auch damit Probleme, daß inzwischen jedes Wort, das ich sage, ein öffentliches Wort ist und auf die Goldwaage gelegt wird. Wenn man vom Spiel enttäuscht und wütend ist, kann man das als Fan sagen, als Vorstand aber nicht unbedingt. Außerdem werde ich heute permanent angepöbelt und muß die Leistung der Mannschaft rechtfertigen. Andererseits muß ich mir das Geheule der Spieler anhören, das Gemotze über den Trainer und das Gespräch mit dem frustrierten Trainer führen, der mit der Mannschaft nicht zurechtkommt. Sie müssen permanent intervenieren zwischen verschiedenen Fraktionen im Verein. Das hat mir den Fußball richtig verdorben.

Ich bin inzwischen davon weggekommen, die Mannschaft zu menschlich zu sehen. Das ist bei mir innerlich ein harter Schnitt. Ich höre inzwischen keinem Spieler mehr zu, der mir was von schlechtem Training, einer schlechten Einheit oder schlechter Stimmung erzählt. Ich hatte diese Mannschaft mit vier Trainern gesehen, und die Mannschaft hatte ein Problem: sie war komplett charakterlos! Bei mir ist dieser Kult vorbei: Oh, wow, das sind einfach große Jungs, die Fußball spielen. Ich habe sie in Spielersitzungen erlebt. Wie das abläuft, darüber war ich erst erstaunt, dann enttäuscht und schließlich wütend. Ich hätte erwartet, daß die Leute einen Arsch in der Hose haben und sagen, woran es liegt. Was ich gesehen habe, war eine Truppe von vierundzwanzig Leuten, die auf den Boden gestarrt hat. Ich mußte sie bis auf den Tod provozieren, bis sie sich endlich untereinander gestritten haben. Diese Jungs, die alle ganz nett sind, aber sich einen in den Bart grummeln, wenn sie mal gefragt werden, haben mich total schockiert. In Kleinstgruppen-Gesprächen sagen sie vorher: »Wir brauchen das und das!« Okay, dann bin ich hingegangen und habe gesagt: Wir brauchen das und das! Also werde ich gefragt, wer das sagt. Ich erkläre, daß das von der Mannschaft kommt. Aber wenn sie offen gefragt werden, kommt nichts mehr. Ich hatte einfach keine Lust mehr, permanent für die den Kopf hinzuhalten. Wenn ich mir diese Diven angucke, krieg ich das Kotzen. Denen ist doch alles zuviel. Wenn die zweimal trainieren müssen, können Sie sich mal das Geheule anhören. Die Jungs waren im Sommer sechs Wochen im Urlaub, danach mußten die am ersten Trainingstag für Fotos zur Verfügung stehen, für ihre Vermarktung und ihre Autogrammkarten. Wir wollten das ein bißchen schöner machen, deshalb dauerte das vier Stunden. Es fing um zehn Uhr an, um eins hieß es dann: »Wir sind müde, wir haben Hunger, warum quälst Du uns so?« Da könnte ich die aus dem Fenster schmeißen. Bei mir sitzen sie immer und wollen ein Auto haben, Tankkarten und billige Einkaufskonditionen. Die verdienen das Vierfache von dem, was ein normaler Arbeiter im Ruhrgebiet verdient und sind dann noch die Mega-Primadonnen, die alles hinterhergeschleppt kriegen wollen. Es ist immer nur: Nehmen, nehmen, nehmen! Fußballer sind voll vom »Stamme Nimm«. Aber mit dem Geben haben sie es nicht so.

Ich bin eigentlich sehr sozial eingestellt, das war immer ein wichtiges Entscheidungskriterium. Ich habe mich gefragt: Was ist mit der Person, wenn er nicht mehr spielen kann? Wie sieht die Zukunft aus? Heute kann ich keine Rücksicht mehr nehmen, da werde ich reingezwungen. Es fällt mir aber in der Umsetzung unheimlich schwer, jemandem zu sagen: Wir sehen hier keine Perspektiven mehr für dich. Sieh zu, wie du klarkommst! In anderen Vereinen geht das relativ schonungslos, das interessiert die Männer ja nicht so wahnsinnig. Ich finde es dramatisch mitzuerleben, daß jemand neunundzwanzig Jahre alt ist und es bei dem im Kopf losgeht: »O mein Gott, was mache ich bloß, wenn ich mich morgen verletze?« Wenn Sie aber versuchen, mit ihm ein Gespräch darüber zu führen, was für Interessen oder Neigungen er hat, kommt nichts, nichts und wieder nichts. Das ist so schrecklich, das tut mir auch so leid, denn das sind alles nette Jungs, die ich auch gut leiden mag. Außerdem weiß ich auch noch, wie das früher war. Das waren berufstätige Menschen, die abends gespielt haben. Leute, die nach dem Fußball auch berufsmäßig eine Perspektive hatten. Wenn ich mir heute die Schicksale der Fußballer ansehe, dann ist das was anderes.

Ich habe das Gefühl, daß früher elf Leute auf dem Platz gestanden haben, die sich zwar auch mal angeschrien haben, aber ein Team waren. Darum geht es heute durch die Internationalisierung des Spiels und die Geldmaschine, die der Fußball geworden ist, nicht mehr. Ich finde das ganze Ding professioneller Fußball total blöd. Das Problem ist nur: Sie kriegen nicht Spiel, Sport und Spaß vermittelt, wenn das Geld fehlt. Also sind sie im ersten Schritt gezwungen, dafür zu sorgen, daß das Geld stimmt. Insofern ändert sich der Blick, wenn man in der Führung eines Vereins ist.

Das ist kein Nachwort. Als ich Anfang '95 wiedergewählt worden bin, war ich auf dem Ober-Horror und habe mich gefragt: Warum tust du dir das noch ein Jahr an? Aber inzwischen macht es mit neuem Trainer, neuen Mitarbeitern auf der Geschäftsstelle wieder Spaß. Der Sport rückt wieder mehr in den Vordergrund. Außerdem habe ich mir viel von dem schönen, netten Fußball abgeschminkt. Die Realität ist anders, und an der habe ich unheimlich geknackt. Ich habe mich dagegen gewehrt, dieses Bild in mir zu zerstören und gedacht: Das kann doch nicht sein! Das hat doch nichts damit zu tun, was du vom Fußball kennst. Ich werde jetzt im Fußball zu Dingen gezwungen, die konträr zu meiner sonstigen gesellschaftlichen Einstellung stehen. Und ich glaube, das ist das wahre Gesicht des Fußballs. Es wird nur so ein absoluter Mythos darum aufgebaut. Wenn man als Fußballfan ins Management einsteigt, erlebt man herbe Enttäuschungen. Fußball hat ein anderes Gesicht.

Vor knapp vierzig Jahren fuhr Horst Metzger mit seinem HSV nach Dortmund. Borussia wurde lautstark angefeuert, und er sagte zu seinem Freund: »Mensch Kurt, und bei uns in Hamburg sagen sie uns, daß wir den Mund halten sollen. Da können wir gar nicht Deutscher Meister werden mit so einem Scheißpublikum.«

Ans St. Pauli-Fanzine »Übersteiger« hatte Horst Metzger einen Leserbrief geschrieben, in dem er daran erinnerte, daß die lokalen Rivalitäten früher viel schwächer waren. Daran solle man sich doch mal erinnern. Der Haß der St. Paulianer auf HSVer und umgekehrt störte den fußballbegeisterten Rentner (Jahrgang 1933) nämlich. Und wenn ihm etwas nicht paßt, dann meldet Horst Metzger sich. Ob in den fünfziger Jahren gegen die Wiederbewaffnung, später als Betriebsrat oder heute bei den Grünen. »1984 habe ich aufgehört, regelmäßig zum HSV zu gehen. Die ganzen Alt-HSVer, die noch wegen des Fußballs hingingen und wegen der Atmosphäre, sind zu einem großen Teil bei St. Pauli gelandet. Das waren so Leute, die Hooligans, die andere mit Raketen beschießen und Ausländer verprügeln, nicht mehr wollten.« Und so pilgert der ehemalige Reederei-Kaufmann heutzutage zum Millerntor.

Aber wie war das denn nun genau in den fünfziger Jahren, Fußballfan zu sein? 1960 sagte er zu seiner Freundin, als er sie erstmals mit ins Stadion mitnahm: »Ich muß Dich jetzt warnen. Hier höre ich auf als normales Wesen zu existieren.« Sie heiratete ihn trotzdem.

Ich hab mal irgendwo gelesen, daß Fan vom griechischen »Fanun«, dem Leiden, kommen soll. Ich war einer dieser Fans, ich litt wirklich. Wenn der HSV verloren hatte, machte ich Montagmorgen ein düsteres Gesicht. Es hat mir ein Kollege mal ein Gedicht geschrieben, wo drin stand: »Montag morgens schleicht ein Wesen stieren Blickes durch das Haus.« Und so war es wirklich.

Wir hatten damals als Kinder viel diese Straßenkämpfe, die es heute gar nicht mehr gibt. Unsere Ecke spielte gegen den Süden der Siedlung. Und da waren wir alle irgendwer, entweder Warning, der Torwart vom HSV, oder Henner Appel vom FC St. Pauli oder Manja von Eimsbüttel. Jedenfalls wurde ich dann irgendwann gefragt, ob ich nicht zu HSV gegen Eimsbüttel mitkommen will. Da war ich 15, 16 Jahre alt. Natürlich wollte ich! Wir gingen zum Rothenbaumplatz, das werde ich nie vergessen. Ein bitterkalter Märztag, und es war proppenvoll. Die hatten ein Riesengitter in der Kurve, das war so ein altes U-Boot-Netz, da konnte man obendrauf gut sitzen. Da haben wir dann in der Kälte gesessen, und unten spielten diese ganzen Größen. HSV hat gewonnen und spielte 14 Tage später gegen Belenenses Lissabon. Ende der 40er Jahre gab es die ersten internationalen Spiele, und da war eine irrsinnige Stimmung. Das gibt es heute bei Freundschaftsspielen nicht. Das hat mir so gut gefallen, da kam ich immer wieder.

Fußball war mein großes Hobby. Samstags gingen wir, sagen wir mal, zu Altona 93, Sonntagvormittag zu St. Pauli und Sonntagnachmittag zum HSV oder zu Concordia, je nachdem wer spielte. Oder wir spielten sonntags vormittags selber und fuhren dann nachmittags noch zum Auswärtsspiel. Bei meinen Freunden und mir war es im allgemeinen so: wir hatten unseren HSV, gingen auch mal zu St. Pauli, mal zu Concordia. Und wenn St. Pauli mal ein gutes Spiel machte, feuerten wir die natürlich auch an. Nicht so wie heute. Wenn da durchgesagt wird, daß der HSV zurückliegt, jubelt der ganze St. Pauli-Platz. Oder beim HSV umgekehrt genauso. Man freute sich nur, wenn ein Rivale verloren hatte, weil man Luft in der Tabelle hatte, aber diese Gehässigkeit gab es nicht. Der HSV hat Concordia sogar mal 80.000 Mark gegeben, weil es denen sehr schlecht ging. Die wären sonst kaputt gewesen. Und das ist von uns allgemein mit Beifall aufgenommen worden. Das Unglück wollte es nur, daß ausgerechnet die Concorden vor dem wichtigen Spiel gegen Barcelona 1961 zwei HSV-Spieler zusammengetreten hatten. Und das führte wohl zur Niederlage. Da sagten die Leute schon: »Jetzt gebt mal die 80.000 Mark zurück.«

Als es in der Bundesliga noch einen Winter gab

Die Vereine hatten ein sehr unterschiedliches Publikum. Beim HSV war es eher so Mittelstand, obwohl die Seelers aus einer Arbeiterfamilie kamen. Erwin Seeler war Schauermann im Hafen. St. Pauli war ein Arbeiterverein, auch aufgrund des Stadtteils. Die Leute waren generell sehr stadtteilgebunden. Es kamen zwar auch einige von außerhalb, aber nicht viele. Eimsbüttel und Victoria waren die Vereine des mittleren und gehobenen Beamtentums. Altona 93 war ein Mittelding. Die hatten die Arbeiter aus Altona und die Vornehmen aus Othmarschen und Blankenese. Das war relativ deutlich ausgeprägt. Es gab zwar auch unter uns Mittelständlern Leute, die zu St. Pauli gingen und Arbeiter, die zum HSV gingen. Die Fußballverrücktheit war nicht für Arbeiter reserviert, wie mein Beispiel schon zeigt.

In den Stadien standen die Leute durcheinander. Bei uns am

Rothenbaum gab es keine Fankurven, da standen Hamburger und Bremer durcheinander, genau wie St. Paulianer und HSVer. Wir haben auch erlebt, als wir nach Köln kamen, daß die gesagt haben: »Da unten stehen schon welche von euch. Stellt euch doch zu denen. Das sieht doch viel schöner aus.« Aber nicht, weil man sonst verkloppt würde.

Weil wir uns immer alle Spiele anguckten, lernte man sich kennen mit der Zeit, und so hatten wir immer ein oder zwei Busse oder Sonderzugabteile, wo die, die sich kannten, zusammen fuhren. Wir waren aber kein Fanklub oder so was, das war völlig ungebunden. Am Rothenbaum hatte ich auf meinen Platz auf der Turmwegtribüne gestanden oder davor gesessen. Und wenn man da langging, hieß es dann: »Hallo, kommst du nächsten Sonntag mit nach Kiel?« Nach Kiel fuhr dann ein ganzer Sonderzug. Das waren dann gleich drei-, viertausend Hamburger.

Fans im heutigen Sinne gab es aber noch nicht. Anfangs gingen die Leute ganz neutral ins Stadion. Die ersten Fahnen habe ich gesehen, als Werder Bremen kam. Mitte der 50er Jahre, wo mehr Geld da war, setzte das ein. Es war ja auch so, die Fahnen kosteten Geld, die mußte man sich nähen lassen. Ich hab meine übrigens heute noch. Das waren aber auch nicht gleich Fahnenwälder, sondern drei- oder viertausend Bremer hatten vielleicht ein Dutzend Fähnchen dabei.

Wenn es zu den Endrundenspielen um die Deutsche Meisterschaft oder gar zum Endspiel ging, mußte natürlich eine Fahne her. So hat sich das immer vermehrt. Erst waren das so kleinere Fähnchen, dann wurden das so große Lappen. Das entwickelte sich innerhalb von vier, fünf Jahren. Bei den Endspielen 1957 und 1958, einmal gegen Dortmund 1:4 und einmal gegen Schalke 0:3 war das wirklich so, daß riesenhafte Fahnenwälder da waren.

Mich hat hier oben im Norden häufig gestört, daß die Leute

– besonders im Volkspark – zu dröhnig waren. Das dauerte eine Ewigkeit, bis die in Gang kamen und die Mannschaft anfeuerten. Es ist mir öfter passiert, wenn ich da als Jüngerer stand und »HSV, HSV« brüllte, daß jemand sagte: »Jetzt halten Sie doch mal den Mund!« Ich weiß noch genau, 30. Mai 1956, ein Mittwoch, da spielte Borussia Dortmund gegen den HSV. Da bin ich mit einem Freund im Bus los. Dortmund hatte gerade das Wochenende zuvor gegen Viktoria Berlin zu Hause nur 1:1 gespielt. Die Leute haben vor dem Spiel auf die Borussen total geschimpft. Aber als das Spiel anfing, da haben sie wie ein Mann hinter ihrer Mannschaft gestanden, und der HSV hat 0:5 verloren.

Da haben wir hinterher im Bus gesessen, und ich hab zu meinem Freund gesagt: »Mensch Kurt, und bei uns in Hamburg sagen sie uns, daß wir den Mund halten sollen. Da können wir gar nicht Deutscher Meister werden mit so einem Scheißpublikum.« Aber beim Rückspiel gegen Dortmund kam der Durchbruch. Da haben sie beim HSV gesagt, daß sie jetzt die jungen Leute bringen müssen, wenn sie noch was ausrichten wollten. Erst haben sie mit Jürgen Werner und Gerd Krug, die zu Seeler und Stürmer gestoßen sind, 4:2 in Stuttgart gespielt, und dann kamen die Dortmunder. Der HSV gewann 2:1, kriegte zwei Tore nicht gegeben, zwei Elfmeter nicht, da haben die Hamburger wirklich wie ein Mann hinter dem HSV gestanden.

Wir haben auch gesungen. Wir hatten dieses: »Aber eins aber eins, das bleibt bestehen, der HSV wird niemals untergehen.« Das gab es für jeden Verein. Ich wußte damals nicht, woher die Melodie stammt. Mein Nachbar in Großflottbeck, das war ein uralter Sozialdemokrat, der hat mich darauf aufmerksam gemacht, als ich singend durch die Gegend zog. »Weißt Du eigentlich, was Du da für eine Melodie singst?« Das war die Melodie von »Rotfront. Rotfront schlagt sie entzwei. SA marschiert und wir sind mit dabei.« Das haben die gesungen, wenn sie in die Arbeiterviertel gezogen sind, um Kommunisten oder Sozialdemokraten zu verprügeln.

Wenn wir am Hauptbahnhof losfuhren, haben wir ganz schön Lärm gemacht. Was wir unheimlich gerne hatten, die haben wir versucht bei der Bahn zu bekommen, waren Vierklang-Hörner. Oder in Dortmund hatten mal welche was sehr Originelles. Das waren so lange Schläuche und darauf war ein Trichter. Das machte einen Höllenlärm. Zum Teil gab es auch diese Ratschen, wenn mal einer in England war, brachte er die mit.

Nach der Weltmeisterschaft 1958 in Schweden hat der Schleswig-Holsteinische Fußballverband allerdings gesagt: »Ab sofort ist der Gebrauch von Lärminstrumenten im Stadion verboten!« Und da fuhren wir also, es war kurz nach der Weltmeisterschaft und ein kalter Augusttag, zum ersten Saisonspiel nach Neumünster rauf. Da hatten nur noch zwei, drei Leute eine Trompete mit und sonst keiner mehr. Das war eine beschissene Atmosphäre, es fehlte irgendwie dieses melodische Fluidum. Bald darauf spielte Holstein Kiel gegen VfR Neumünster. Da schrieben sie in der Zeitung, daß unter den 10.000 Zuschauern ungefähr 3.000 aus Neumünster gewesen wären, die sich einen Dreck um dieses SHFV-Verbot kümmerten und mit Trompeten und Sirenen einen Höllenlärm machten. Und damit war das Verbot auch schon gebrochen.

Ich habe schon gesagt, daß man durcheinander stand, da hat man sich auch mal angefrotzelt. Wenn Hannover kam, hieß es: »Ach, da kommt die Provinz!« Man rief auch mal rauf: »Ihr Idioten, was wollt ihr denn hier?« Aber das war auch schon alles, dann war Schluß. Ich weiß noch, daß vor mir mal ein Bremer saß. Mit dem habe ich mich eineinhalb Stunden gestritten. Da schoß Werder ein Tor, da klopfte er mir auf die Schulter. Dann schoß der HSV eins, da war ich dran mit Schulterklopfen. Das ist doch heute kaum noch möglich. Ich beobachte aber, daß es wieder ein ganz klein wenig anfängt. Und das ist es, was mir heute bei St. Pauli so gut gefällt.

Es gibt ein Spiel, das ich niemals vergessen werde. Das war Weihnachten 1957. Da hat es den einzigen wirklichen Krawall gegeben. Das war gegen Bremerhaven 93, die damals eine ziemlich harte Mannschaft hatten. Einer davon war der Mittelläufer Wagenbrett, das war ein knallharter Bursche. Der hatte Uwe Seeler fünfundsechszig Minuten lang nach allen Regeln der Kunst beharkt. Irgendwann ist Uwe dann der Kragen geplatzt. Er dreht sich um, schlägt nach. Zack! Da mußte er raus. Da war was los. Die Zuschauer wollten den Schiedsrichter vermöbeln, und wir hätten mit den 18.000 Zuschauern, die da waren, problemlos auf den Platz rennen können. Diese ganzen Gitter, die gab es ja nicht. Aber das entlud sich erst nach Spielschluß. Da bildeten die Spieler, teilweise zusammen mit Zuschauern, ein Spalier, um den Schiedsrichter zu schützen. Ich selber hab mir noch einige Bremerhavener Spieler geschnappt und die in Sicherheit gebracht. Die Spieler zogen sich im HSV-Klubhaus an der Rothenbaumchaussee um, mußten also durch die Zuschauermassen über die Straße.

Wegen dieser Vorfälle mußte der HSV sein Heimspiel gegen die punktgleichen Braunschweiger, die damals eine sehr gute Mannschaft hatten, in Bremen austragen. Da waren wir also mit ein paar tausend Mann und die Braunschweiger mit ein paar tausend Mann, die standen links vom Aufgang und wir rechts. Das war ein fürchterliches Regen- und Matschwetter. Na jedenfalls, bums lag der HSV 0:4 in Rückstand. Was machten die Braunschweiger? Zur Halbzeit gingen sie an uns vorbei und winkten uns höhnisch zu. Na ja, das hätte ich auch gemacht. Aber nicht, daß einer von uns mit Flaschen geworfen hätte oder eine Schlägerei anfing. Die haben uns nur angefrotzelt, und dann gingen die wieder zurück. Da kam unsere Mannschaft, und es wurde die Parole ausgegeben:

»Wer nach Hause geht, der kommt nie wieder mit!« Und jetzt haben wir uns den Gag erlaubt und die wie wahnsinnig angefeuert, um zu sehen, ob die das noch aufholen. Und die schossen auch sofort nach der Pause das 1:4 und hatten zum Schluß mit 6:4 gewonnen. Aber auch da hat es nach dem Spiel keine Randale von seiten der Braunschweiger gegeben. Wenn ich mir heute so ein Spiel vorstellen würde. Ich weiß nicht, was da passieren würde.

Der größte Unterschied zu heute ist, daß es damals ruhiger war, fast hätte ich gesagt: gesitteter. Es waren noch nicht die Massen der jungen Leute da. Heute ist doch eine gewisse Hektik vor dem Stadion. Teilweise sind die Leute schon betrunken. Das gab es damals kaum. Ein Betrunkener fiel schon auf. Es ist heute zwar zum Teil ausgelassener, es ist aber auch verbissener und aggressiver, selbst bei St. Pauli.

Joachim Król erzählt: »Das war eine Einheit: Westfalia Herne, mein Vater und ich.«

Da standen sie lässig, mit ihren langen Haaren, rauchten und waren sehr erwachsen. Und ich schaute neidisch hinüber zu ihnen auf den Oberstufen-Schulhof eines Herner Gymnasiums. Joachim Król war einer von denen, drei ewig lange Jahre älter, Welten entfernt. Tja, und nur zwanzig Jahre später schlendern wir freundlich plaudernd durch die Kölner Südstadt. So ist das Leben. Joachim Król hat keine langen Haare mehr, sondern kurze, die auch schon ein wenig grau sind. Und inzwischen ist er der Joachim Król, der neue deutsche Kinostar aus »Der bewegte Mann« und »Wir können auch anders«. Aber im Café reden wir mehr über die Schwierigkeiten, Eintrittskarten für seine Lieblingsmannschaft Borussia Dortmund zu bekommen, über Netzers Schuhgröße und den Versuch eines Freundes, seine Füße unter der heißen Dusche auf die Größe der Füße von Netzer zu ziehen. Und natürlich über Westfalia Herne.

Von unserer Wohnung bis zum Stadion war es eine dreiviertel Stunde Fußweg oder, wenn man schlenderte, eine Stunde. Sobald ich den Weg alleine gehen konnte und mein Vater mich nicht mehr tragen mußte, hat er mich mitgenommen. Die Heimatspiele – das war jetzt ein guter Versprecher – die Heimspiele waren obligatorisch. Am Anfang, da war ich vielleicht fünf Jahre alt, war das Spiel natürlich nicht so wichtig. In dem Alter war es mehr das Zusammensein in dieser Männergesellschaft. Mein Vater war in der Gruppe, die sich im Stadion immer an derselben Stelle getroffen hat, ein sehr beliebter Mann. Es hat mir gefallen, bei ihm zu sein. Ich hatte das Gefühl, daß er geachtet war, und davon habe ich einen Teil abgekriegt.

Unsere Besuche beim Fußball, der gemeinsame Weg zum Stadion – und wir gingen immer zu Fuß, weil wir nie ein Auto hatten – waren ein Ritual, das für die Beziehung zwischen meinem Vater und mir ganz wichtig war. Westfalia

Herne, mein Vater und ich waren eine Einheit. Ganz wichtig wurde das in den Zeiten, wo wir alle verrückt spielen. Mit fünfzehn, sechzehn Jahren, wo es im Familiären schwierig wird. In dieser knappen Stunde Fußweg alle vierzehn Tage konnten wir alles klären, was aufgelaufen war. Erst sind wir zehn Minuten schweigend nebeneinander hergelaufen, und dann wurde darüber geredet, wieso ich in der Schule blaugemacht hatte, warum ich so schlechte Noten hatte, ob ich mir nicht endlich die Haare schneiden wollte oder was ich denn mal werden wollte. Ich habe meinem Vater dabei etliche Male vorgeheuchelt, daß ich Lehrer oder Polizist werden will. Aber es ging einfach darum, sich mal wieder der gegenseitigen Nähe zu versichern. Ohne den Verein, ohne unser Ritual hätten wir es viel schwerer gehabt. Unter der Woche war dafür häufig keine Zeit. Er war Bergmann, später Starkstromelektriker auf der Zeche und dafür manchmal einfach zu müde. Es war halt nicht so, wie wir vielleicht heute mit unseren Kindern reden. Konflikte wurden vor sich hergeschoben, das staute sich auf.

Mein Vater ging mit mir auch ins Stadion, als ich so aussah, wie er sich seinen Sohn nicht vorgestellt hat. Trotzdem glaube ich, daß er in diesen Momenten – obwohl er das nie gesagt hat – stolz war, mich immer noch präsentieren zu können, wo die anderen Männer den Kontakt zu ihren Kindern vielleicht schon verloren hatten. Ich war schließlich nicht der einzige, der Anfang der siebziger Jahre Schwierigkeiten mit seinen Eltern hatte. Natürlich hätte mein Vater mich gerne in die Waschmaschine gesteckt und dann zum Frisör geschleift, aber er war eben auch stolz darauf, daß ich nicht weggeblieben bin.

Ich hatte wirklich ein enges Verhältnis zu ihm. Ich glaube, daß ich sehr früh dahintergekommen bin, was meinem Vater Fußball bedeutete. Vielleicht hat er sich das selber nie so klargemacht, weshalb das so wichtig ist. Aber es spiegelte sich in seiner Stimmung, ob Westfalia gut stand oder nicht. Das schlug unter der Woche durch und war wichtig für seinen Seelenzustand. Mein Vater war auch Hobby-Chronist. Von der Nachkriegszeit bis zu seinem Tod hat er jedes Spiel mit Mannschaftsaufstellung, Torfolge, Zuschauerzahl in Kladden aufgeschrieben und eigene Statistiken gemacht. Fußball war für ihn ein Lebensinhalt.

Was mein eigenes Fußballspielen betrifft, war mein Vater etwas zerrissen. Ich bin so ein sozial-liberales Koalitionskind. Mein Vater war auch Sozialdemokrat und Gewerkschaftsfunktionär auf niederer Ebene. Die Ortsgruppe 12 der IG Bergbau und Energie hat im Lokal Lücking getagt. Die Ortsgruppen-Versammlungen waren vormittags, und manchmal habe ich ihn von der Versammlung abgeholt, und wir sind weiter ins Stadion gegangen. Ich war jedenfalls ein typisches Produkt der Zeit, wo es hieß: Werdet Eigenheimer und schickt eure Kinder aufs Gymnasium. Deshalb wollten meine Eltern, daß ich in der Schule anständige Leistungen bringe, damit ich es einmal besser haben kann. Also hat er es nicht so ehrgeizig betrieben, daß sein Junge ein guter Fußballer wird, denn das hätte nur Zeit von der Schule abgezogen. Andererseits hätte ein großer Teil seines Herzens seinen Jungen sehr gerne spielen gesehen. Ich wollte dem auch genügen, war aber in meiner Altersgruppe körperlich immer der Schwächste. Darum hat sich das bald erledigt, als er gesehen hat, daß ich das Talent nicht hatte.

Als ich neunzehn Jahre alt war, wollte ich von zu Hause ausziehen. Damals gab es eine interessante Wohngemeinschaft von Leuten, die alle etwas älter waren als ich, bei denen ich oft war. Das war mit Konzept, ich fand es ganz toll und die suchten ein neues Objekt zum Wohnen. Und da wollte ich mitmachen. Also haben wir ein Zeitungsinserat aufgegeben, aber damit gerechnet, daß es mindestens ein halbes Jahr dauert, bis wir wirklich was finden. Das halbe Jahr wollte ich dazu nutzen, meine Eltern darauf vorzubereiten. Ich hatte es nämlich zu Hause gut, und für meine Eltern war es nicht einsehbar, warum ich das Haus verlassen wollte. Warum man trotzdem ausziehen muß, brauche ich aber wohl nicht zu erklären. Dann hatten wir aber plötzlich schon nach zwei Wochen genau das, was wir gesucht haben: Ein Bauernhaus in Castrop-Rauxel, das genau paßte. Also kam ich nach Hause und sagte: Ich ziehe aus. Meine Mutter fragte mich wann, und als ich »nächste Woche« gesagt habe, gab es Hysterie und Tränen. Als ich das trotzdem durchgezogen habe, war Sendepause. Mein Vater hat gesagt, daß sie mich nicht besuchen wollten und sogar, daß ich für ihn gestorben wäre.

In der Zeit bin ich von Westfalia weggeblieben und nicht etwa ohne ihn heimlich hingegangen. Aber als dann Zeit ins Land ging und der Leidensdruck, uns nicht zu sehen, auf beiden Seiten groß genug war, haben wir wieder ein Heimspiel genutzt. Wir sind schweigend nebeneinander hergegangen, bis er mich gefragt hat: »Wie wohnt ihr denn da überhaupt.« Die Phantasien der Eltern waren ja zehnmal so grauenhaft und chaotisch, wie es wirklich war. Eigentlich konnten sie es sich nicht vorstellen, und darum haben sie sich das Furchtbarste vorgestellt. Aber über die Wiederaufnahme unseres Rituals war das Eis zwischen uns gebrochen.

Als Westfalia 1974 nicht in die neugegründete Zweite Liga kam, sprach mein Vater vom »zweiten großen Betrug«. 1963 hatte es nämlich dieses ominöse Punktesystem gegeben, aufgrund dessen Preußen Münster für die Aufnahme in die Bundesliga favorisiert worden war. Deshalb war er zuerst auch total euphorisch, als dann mit Goldbach ein Sponsor einstieg. Natürlich war er gegen die Verschandelung des Emblems, der Klub hieß nun Westfalia Goldin, denn im Grunde war er Purist. Er mochte auch die Werbung auf den Trikots nicht. Andererseits hat er eingesehen, daß es ohne das Geld nicht geht. Darum ist er weich geworden, zumal sich mit dem

Aufstieg in die Zweite Liga der Erfolg dann auch eingestellt hat.

Als Goldbach verhaftet wurde, Westfalia 1978 die Lizenz zurückgab und wieder in die Drittklassigkeit mußte, war das für ihn ein schwerer Schlag. Ich war zu dem Zeitpunkt mit einem Freund in New York. Nach dem Zivildienst hatten wir ein bißchen Geld verdient und dann eine Reise auf den Spuren Kerouacs angetreten – diese Nummer. Mein Vater und ich haben also miteinander telefoniert, er hat mir von Westfalia erzählt – und geweint. Wo er sich das Weinen sonst eigentlich verboten hat, wie seine ganze Generation. Aber er war kein harter Knochen, nicht die Bohne. Also saß ich in New York und dachte, ich müßte jetzt nach Hause, um ihn zu trösten. Das war ein ganz schrecklicher Moment. Und doch eigentlich zwischen Lachen und Weinen, weil es doch absurd war.

Von da an waren für meinen Vater die »Alten Zeiten« vorbei, so wie Ernst Kuzorra irgendwann mal gesagt hat: »Das alte Schalke gibt es nicht mehr.« Für meinen Vater gehörte Westfalia immer zum Adel der Traditionsmannschaften. Ich bin mir nicht sicher, ob er Westfalia Herne und Schalke oder Schalke und Westfalia Herne gesagt hätte. Wahrscheinlich aber ersteres. In den Vereinsnamen den Sponsor aufzunehmen, das hat ihm schon nicht gepaßt. Und dann auch noch so verraten zu werden, den Verein in der Existenz bedroht zu sehen, da ist er eine Zeitlang nicht mehr hingegangen. Auch bei mir gab es dann eine Zeitlang eine kritische Distanz zum Profifußball und zum Fußball allgemein.

Später ist mein Vater krank geworden und konnte den Weg ins Stadion gesundheitlich nicht mehr schaffen, so daß sich unser Ritual weitgehend aufs Fernsehgucken beschränkt hat. Ins Stadion sind wir nur noch gelegentlich gegangen. Einmal, als wir da waren, hat es ihn schwer verletzt, daß es im Herner Stadion Leute gab, die Nazi-Parolen riefen: »SS, SA,

Westfalia«. Daß da niemand was gegen machte und er sich auch selbst machtlos fühlte, wo er gerne draufgeschlagen hätte. Das hat ihn alles sehr betroffen. Auch wie das Stadion zerfiel, sich unser Weg zum Stadion im Laufe der Zeit veränderte hatte. Der ganze Niedergang des Vereins, der eng mit dem Strukturwandel zu tun hat, den ich auch Niedergang nennen würde. Direkt persönlich war er nicht betroffen. Aber er hatte die ganzen guten Jahre mitbekommen und wollte das Elend nicht mehr sehen und hören. Westfalia wurde dann vornehmlich über die Medien beobachtet. Und die Statistik hat er bis zu seinem Tod 1991 weitergeführt. Wenn jemand stirbt, der einem so nahe steht, bekommt alles Mögliche eine Bedeutung, man sieht man überall Zeichen. Als ich mir seine letzten Aufzeichnungen angeschaut habe, stand Westfalia dort gerade mit ausgeglichenem Punkte- und Torverhältnis. So, als wäre er quitt!

Als er gestorben war, war ich von meinen Geschwistern am belastbarsten und für meine Mutter der direkteste Ansprechpartner. So hatte ich plötzlich diese ganzen Sachen zu regeln. Und dabei habe ich aber permanent neben mir gestanden. Das war völlig surreal, und ich hatte keine Zeit für mich. Und diesen Moment, zu mir zu kommen, habe ich mir im Stadion geleistet. Dafür bin ich noch mal nach Herne gefahren, und ins Stadion gegangen. Es war ganz leer. Da war Stille. Ich bin über die Ränge gegangen, dorthin, wo ich immer mit ihm gestanden habe. Und dort habe ich von meinem Vater Abschied genommen. Als ich weiter herumgegangen bin, kam ich zu den alten Kassenhäuschen, die inzwischen völlig demoliert waren. Da lag ein Schild auf dem Boden: »Kinder, 2 Mark.« Das habe ich aufgehoben, mitgenommen und jetzt hängt es bei meinem Sohn im Zimmer.

Ein Dankeschön...

... an alle Gesprächspartner, die sich die Zeit genommen haben, mit mir offen über ihre Passion zu sprechen.
... an Katrin Weber-Klüver für unzählige Hinweise, Anregungen und Zwischenlektüren sowie ihre Geduld im Umgang mit einem zeitweilig etwas anstrengenden Autor.
... an Thomas Lötz und Peter Unfried für konstruktive Lektüre.
... an alle, die mir geholfen haben, Gesprächspartner zu finden: Sven Brux (Hamburg), Klaus Hansen (Bergisch-Gladbach), Gebhard Henke (Köln), Jens Meyer (Hamburg), Thomas Schneider (Frankfurt), Elke Wittich (Berlin).
... an Nick Hornby und Studs Terkl, die durch ihre Arbeit den Anstoß zu diesem Buch gegeben haben.

Fotorechte:
Alle Fotos Pressebilderdienst Horst Müller, Düsseldorf
außer Foto S. 67 Andreas Mangen, Mülheim a. d. Ruhr
und Foto S. 156 Schalker Faninitiative

Christoph Biermann / Ulrich Fuchs
Der Ball ist rund, damit das Spiel die Richtung ändern kann

Wie moderner Fußball funktioniert

KiWi 702
Überarbeitete und erweiterte Fassung
Mit einem Vorwort von Ottmar Hitzfeld

»Ich freue mich, dass der Verlag diese zweite, überarbeitete Auflage herausgibt. Weil es ein Indiz dafür ist, dass es auch in Deutschland ein Bedürfnis nach kompetenter und fachlicher Auseinandersetzung mit Fußball gibt.« *Ottmar Hitzfeld*

»Wer so tiefgründig und kenntnisreich über Fußball schreibt, muss das Spiel wirklich lieben.« *Hans Meyer*

»Im Fußball von heute geht es nicht nur um Systeme, sondern um viel mehr. Warum das so ist, und wie es so kam, erzählt dieses Buch.« *Huub Stevens*

»Wenn hierzulande häufiger auf diese Weise über Fußball gesprochen würde, könnten alle noch viel mehr Spaß an der Sache haben.« *Ewald Lienen*

»Dieses Buch ist eine gelungene Vorlage dafür, dass am Stammtisch auch mal anders über Fußball geredet werden kann.« *Klaus Toppmöller*

www.kiwi-koeln.de

Christoph Biermann
Fast alles über Fußball

KiWi 910
Originalausgabe

Der Däne sagt Fodbold, der Japaner Soccer, auf Gälisch
heißt es Ball-Coise. »Fußball ist Fußball« sagt Trainerlegen-
de Vujadin Boskov. Fußball bedeutet viel und vieles. Dieses
Buch ist voller Fußballwissen, das unnütz erscheinen mag,
aber dessen Schönheit man sich kaum entziehen kann. Hier
gibt es WM-Bälle und längste Siegesserien, Entführungen
und Nachbarschaftsduelle, Tiere in Wappen und die schönsten Rückennummern. Kantersiege, Hattricks, National-
spieler aus Gelsenkirchen und ausgefallene Vereinsfarben,
man kann das alles sehr weit treiben, dieses Buch treibt es
zu … fast alles über Fußball.

»Erst verschlingen, dann auswendig gelernt und schließlich
bei meinen Jungs mit unfassbarem Fußballwissen ge-
glänzt.« *Manuel Andrack*

»Lesestoff für Momente, in denen der Ball ruht.« *Die ZEIT*

Paperbacks bei Kiepenheuer & Witsch  www.kiwi-koeln.de

Birgit Schönau
Calcio

Die Italiener und ihr Fußball
KiWi 911
Originalausgabe

Von Odysseus bis Catenaccio, von Mussolini bis Berlusconi
- der italienische Fußball lebt von glanzvollen Legenden,
und doch bleibt er stets fest im Griff wirtschaftlicher und
politischer Interessen. Die Italiener lieben ihren Calcio dennoch und verwandeln ihn in ein grandioses Spektakel, nicht
selten verkommt das Stadion aber auch zum Ort der
Gewalt. Es gibt große Spieler und Trainer in Hülle und Fülle,
leider huldigen sie oft nur dem Ergebnisfußball. Birgit
Schönau beschreibt diese Widersprüche und erklärt, woher
sie kommen - in einer Liebeserklärung an eine große Fuß-
ballnation.

Mit diesem Titel startet die Reihe »Ball und Welt«, heraus-
gegeben von Christoph Biermann, in der im Frühjahr 2006
weitere Titel folgen: Raphael Honigstein schreibt über das
Mutterland des Fußballs, England, und Javier Caceres über
die Leidenschaft im spanischen Fußball.

Paperbacks bei Kiepenheuer & Witsch  www.kiwi-koeln.de

Paperbacks bei
Kiepenheuer & Witsch

Ronald Reng
Der Traumhüter

Die unglaubliche Geschichte eines Torwarts

KiWi 685
Originalausgabe

Der Kölner Lars Leese hat das erlebt, wovon zehntausende Freizeitfußballer auf deutschen Aschenplätzen oder Schwimmbadwiesen heimlich träumen: Plötzlich kommt einer und macht dich zum Profi. Mit 22 spielte er noch in der Kreisliga Westerwald, und mit 28 sicherte er dem englischen Erstligisten Barnsley einen 1:0-Sieg über den FC Liverpool. Drei Jahre lang hat Leese in der Fußball-Profiwelt gelebt und dabei nie den staunenden Blick des Fans verloren.

»Eines der wenigen Bücher, die einen unverstellten Blick auf den Fußball werfen ... etwas Besonderes in der deutschen Fußballliteratur.« *FAZ*

»Ein Buch für das man sogar mal eine Champions-League-Übertragung im Fernsehen sausen lässt. Mindestens.« *Kölner Stadtanzeiger*

»Nick Hornby, der Autor des Kultbuches »Fever Pitch« hat einen Nachfolger gefunden.« *Financial Times*

www.kiwi-koeln.de

KiWi

Paperbacks bei
Kiepenheuer & Witsch

Nick Hornby
Fever Pitch

Ballfieber - Die Geschichte eines Fans

KiWi 409
Deutsch von Marcus Geiss und Henning Stegelmann

Die verrückte Geschichte einer lebenslangen Liebe.
Ein Fußballfan und sein Verein. Der Fan heißt Nick
Hornby , sein Verein Arsenal London: »Ich verliebte
mich in den Fußball, wie ich mich später in Frauen
verlieben sollte: plötzlich, unerklärlich, unkritisch
und ohne einen Gedanken an den Schmerz und die
Zerrissenheit zu verschwenden, die damit verbunden
sein würden ...«

»Das beste Fußballbuch, das jemals geschrieben
wurde, und das ist noch maßlos untertrieben.«   *taz*

»Ein brillantes Buch von einem der besten Schriftstel-
ler weit und breit – mehr als ein Buch über Fußball.«
Sunday Times

www.kiwi-koeln.de

Marcel Reif
Aus spitzem Winkel

Fußballreporter aus Leidenschaft
Gebunden

Am Anfang ist ein Fußballspiel im Stadion von Legia Warschau, zu dem der kleine Marcel mit seinem Vater geht. Dort beginnt der Traum, den Marcel Reif bis zum heutigen Tag als Fernsehreporter leidenschaftlich ausleben darf. »Aus spitzem Winkel« ist zugleich eine berührende Familiengeschichte, ein faszinierender Blick hinter die Kulissen des Traumberufs Fußballreporter und eine Liebeserklärung an den Fußball.

www.kiwi-koeln.de

VERLAG
KIEPENHEUER
& WITSCH